Merve
Verlag

Friedrich von Borries, Matthias Böttger, Florian Heilmeyer

BESSERE ZUKUNFT?

Auf der Suche nach den Räumen von Morgen

Gespräche mit Omar Akbar, Aaron Betsky, Daniel Dahm,
Yona Friedman, Adrienne Goehler, Volker Hauff, Manuel Herz,
Christoph Ingenhoven, Claudia Kemfert, Diébédo Francis Kéré,
Herfried Münkler, Cem Özdemir, Philipp Oswalt, Marcus Peter,
Hans Joachim Schellnhuber, Peter Sloterdijk, Werner Sobek,
Karlheinz Steinmüller, Mark Terkessidis, John Thackara und
Wolfgang Tiefensee.

Mit Illustrationen von Laleh Torabi.

Merve Verlag Berlin

Diese Publikation erscheint anlässlich des deutschen Beitrags „Updating Germany" zur XI. Internationalen Architekturbiennale in Venedig 2008: „Out There. Architecture Beyond Building."

gefördert durch:

Redaktionsassistenz: Felix Demme, Benjamin Kasten
Redaktorat: Elisa Barth, Tom Lamberty

© 2008 Merve Verlag Berlin
Printed in Germany
Druck- und Bindearbeiten: Dressler, Berlin
Verwendete Schriftarten: National
Umschlagentwurf: onlab, Nicolas Bourquin, Berlin, nach Jochen Stankowski, Dresden
ISBN: 978-3-88396-255-9
www.merve.de

INHALT

HANS JOACHIM SCHELLNHUBER
*1950, Klimaforscher. Seit 1991 Direktor des Potsdamer Instituts für Klimaforschung (PIK) und seit 2001 wissenschaftlicher Direktor am Tyndall Centre for Climate Change Research in Norwich. Er studierte Physik, Mathematik und theoretische Physik. 2006 wurde er Klimaschutzbeauftragter der Bundesregierung. Autor von „Der Klimawandel" (München 2006) und Herausgeber von „Avoiding Dangerous Climate Change" (Cambridge 2006).

AM STRAND

„Es ist ein sehr enges Rennen, aber wir können es noch gewinnen."
Im Gespräch mit HANS JOACHIM SCHELLNHUBER

Der Klimawandel genießt derzeit großes öffentliches Interesse. Empfinden Sie die mediale Aufmerksamkeit als positiv oder sehen Sie die Gefahr einer Dramatisierung?

Die Berichterstattung in den Medien reagiert auf aktuelle Ereignisse, aber sie folgt auch ihren eigenen Gesetzen. Das ist gerade beim Thema Klimawandel gut zu beobachten. Im Jahr 2007, beginnend mit der Veröffentlichung des Vierten Sachstandsberichts des UN-Klimarates, wurde dem Thema viel Platz eingeräumt. Das war meines Erachtens auch lange überfällig. Dabei ist die öffentliche Diskussion aber über einige zentrale Fragen, auf die wir bislang keine Antwort haben, nicht wesentlich fortgeschritten: Wie können wir eine Weltbevölkerung von perspektivisch neun Milliarden Menschen mit Energie versorgen? Wie gehen wir mit den unvermeidbaren Folgen des Klimawandels um, die vor allem Entwicklungsländer betreffen werden?
Sicher gibt es bei der Berichterstattung in den Medien auch Überzeichnungen und Fehlinformationen. Aber insgesamt ist ein Problembewusstsein entstanden, dass wir uns mit der nicht nachhaltigen Nutzung unserer Ressourcen auf dem falschen Weg befinden. Dieses Bewusstsein könnte der Gesellschaft helfen, durch eine gemeinsame, demokratische Willensentscheidung vernünftig mit der Klimaproblematik umzugehen. Da können fundierte Berichte über die Probleme, auf die wir zusteuern, und über ihre Lösungen noch sehr viel bewirken, denn ich stelle fest, dass nur wenige wirklich umfassend über die Herausforderungen im Bilde sind.

Wie katastrophal werden die unvermeidbaren Folgen des Klimawandels für uns sein?

Katastrophal würden sie nur, wenn wir ihnen blind entgegen gingen. Das würde zu enormen Verwerfungen führen: ökologisch, wirtschaftlich und politisch – kein Lebensbereich bliebe unberührt. Es gibt aber zwei Dinge, die mich optimistisch stimmen: Da

TOD DURCH UNKENNTNIS

Ende einer Hochkultur durch Ressourcenverbrauch. Die Bevölkerung der Osterinseln hatte noch keine Instrumente entwickelt, um die dramatischen ökologischen Folgen ihres Handelns einzuschätzen. Laut biologischen Untersuchungen war „Rapa Nui" einst eine dicht mit Palmen bewachsene Insel, bis die Insulaner Mitte des 13. Jahrhunderts begannen, daraus Boote und Hilfsmittel zum Transport der großen Steinstatuen zu bauen. Holzkohlefunde belegen, dass die letzte Riesenpalme um 1640 gefällt wurde. Der Boden für den Ackerbau erodierte und Vögel starben aus. Es existierte kein Holz mehr für den Bootsbau, was sowohl den Fischfang als auch eine Flucht von der Insel unmöglich machte. Funde von Speerspitzen weisen auf einen einsetzenden, grausamen Bürgerkrieg hin. Die ersten europäischen Entdecker finden 1722 eine fast menschenleere Insel ohne einen einzigen Baum vor, die Steinstatuen umgestürzt, das Straßennetz verwildert. Die einstige Hochkultur hatte ihre eigene Lebensgrundlage zerstört.

WAHRSCHEINLICHKEITSRECHNUNG

„Stellen Sie sich vor, am Flughafen steht der Pilot neben der Maschine, in die Sie gerade einsteigen, und sagt Ihnen: Heute stürzen wir mit einer Wahrscheinlichkeit von 90% ab. Sie wären ein Narr, wenn Sie trotzdem an Bord gingen."

AM STRAND

ist zunächst die politische Tatsache, dass die Mitgliedsländer der Europäischen Union sich auf das Ziel verständigt haben, die globale Erwärmung auf zwei Grad Celsius zu begrenzen. Zwar müssten wir auch bei diesem begrenzten Klimawandel schon mit massiven Auswirkungen rechnen, aber die Lage bliebe noch beherrschbar. Zum anderen gibt eine allgemeine Beobachtung Anlass zur Hoffnung: Pünktlich zu dieser großen Kultur- und Zivilisationskrise verfügt die Menschheit über ungeheure wissenschaftliche und technologische Fähigkeiten. Man stelle sich vor, die technische Entwicklung und der Verbrauch der fossilen Brennstoffe wären historisch nicht so parallel verlaufen. Nehmen wir an, fossile Brennstoffe wären schon im Mittelalter in großem Umfang verbraucht worden. Die Menschheit hätte den Klimawandel erst gar nicht verstehen können; keine Satelliten und Computer hätten Informationen darüber geliefert. Wir hätten keine Chance gehabt, darauf zu reagieren. Es ist gut, dass wir heute weiter sind. Es ist zwar immer noch ein sehr enges Rennen, aber wir können es gewinnen.

Es ist manchmal erstaunlich, mit welcher Sicherheit die Wissenschaft derzeit über den Klimawandel spricht. Sollte man mit solchen Prognosen nicht viel vorsichtiger sein?

Natürlich kann die Naturwissenschaft niemals apodiktische Aussagen machen. In der Mathematik kann ein Satz durch logische Operationen bewiesen werden. In der Realität geht das nicht. Wir können auch den menschlichen Einfluss auf das Klima nicht mit einer Sicherheit von 100% beweisen. Daher berücksichtigt der Weltklimarat Unsicherheitsfaktoren und trifft nur Wahrscheinlichkeitsaussagen, etwa, dass der Mensch mit einer Wahrscheinlichkeit von 90% der entscheidende Agent des Klimawandels ist. Mir ist diese Aussage klar genug: Stellen Sie sich vor, am Flughafen steht der Pilot neben der Maschine, in die Sie gerade einsteigen, und sagt Ihnen, „Heute stürzen wir mit einer Wahrscheinlichkeit von 90% ab". Sie wären ein Narr, wenn Sie trotzdem an Bord gingen. Dennoch, obwohl wir mit einer Wahrscheinlichkeit von neun zu eins das Klima destabilisieren, scheinen viele Menschen die Problematik immer noch nicht wahrzunehmen. Meines Erachtens liegt das am Maßstab des Klimawandels. Die Veränderungen treten nicht über Nacht ein, sondern im Laufe von Jahrzehnten. Und

VERSINKENDER STRANDSTAAT

Kiribati stellt Ausreiseantrag für 94.000 Einwohner. Bereits im Juni 2008 sei der „point of no return" erreicht gewesen, egal, welche Klimaschutzmaßnahmen weltweit eingeleitet würden: Weite Teile Kiribatis liegen nicht einmal zwei Meter über dem heutigen Meeresspiegel und werden dem „worst-case-scenario" eines UN-Berichts zufolge bis zum Jahr 2100 unbewohnbar sein. Damit wäre Kiribati der erste durch den Klimawandel vernichtete Staat. Staatspräsident Anote Tong reagiert mit vorausschauender Diplomatie und hat Australien und Neuseeland gebeten, die Bevölkerung Kiribatis in den kommenden 100 Jahren aufzunehmen: „Die Klimaveränderung ist für uns keine Frage der wirtschaftlichen Entwicklung, sondern eine Frage des menschlichen Überlebens", so Tong. „Sich auf den Tag vorzubereiten, an dem man kein eigenes Land mehr hat, ist schmerzhaft, aber genau das müssen wir wohl tun."

WAHNSINN

„Der Ölrausch wird als eine kurze Episode des Wahnsinns in die Geschichte eingehen."

viele dieser Veränderungen betreffen Menschen auf der anderen Seite des Planeten. Das ist das heimtückische an einem systemischen Wandel, der sich in allen Verästelungen vollzieht: Er wird erst in 20, 30 oder 50 Jahren spürbar – wenn es zu spät ist. Die eigentliche Frage lautet also, ob die Gesellschaft bereit ist, eine wissenschaftlich seriös untermauerte Projektion in die Zukunft zur Grundlage ihres heutigen Handelns zu machen.

Das Problem ist doch, dass wir die Folgen unserer Handlungen nur nach dem heutigen Stand des Wissens bemessen können.

Die Frage ist in der Tat, was das richtige Portfolio von Lösungen ist. Ich plädiere dafür, möglichst viele – auch verrückte – Ideen mit an Bord zu nehmen. Ich vergleiche das mit einer Herde Wildpferde, die man loslaufen lässt. Ein paar werden auf der Strecke bleiben, einige werden das Ziel aber erreichen. Wir können die gesamte Energieversorgung der Menschheit auf Solarthermie und Photovoltaik umstellen, physikalisch ist das unbestritten. Unklar ist dagegen, wie schnell wir das können und wer es bezahlt. Welche Menschen werden in diesen Prozess eingebunden und welche werden ausgeschlossen? Wir müssen uns also nicht nur technologischen, sondern auch ethischen, sozialen und ökonomischen Fragen stellen. Das ist eine große Schwierigkeit.

Macht sich hier das geschärfte Problembewusstsein positiv bemerkbar?

Weltweit hat ein Umdenken eingesetzt und das ist natürlich ein positiver Effekt. Der Wille, den Übergang zur nachhaltigen Weltgesellschaft zu schaffen, ist heute spürbar. Aber der Weg dahin ist noch weit. Ich nenne eine einzige Zahl, die zeigt, in welch irrwitziger Phase wir uns noch befinden: Die Erde benötigt etwa eine Million Jahre um so viel fossile Brennstoffe zu bilden, wie sie die Menschheit derzeit in nur einem Jahr verbraucht! Eine solche Geschwindigkeit, mit der wir Ressourcen aufzehren und Kapital verschleudern, ist historisch einmalig. Der Ölrausch seit dem zweiten Weltkrieg wird deshalb als eine kurze Episode des Wahnsinns in die Geschichte eingehen. Wir haben uns mit dem Glauben, dass diese Wirtschaftsweise zukunftsfähig ist, eine Theaterkulisse ge-

SEESOLARROSEN
Schwimmende Solarenergiefelder für Glasgow. Die schottischen
Architekten ZM haben Pläne ausgearbeitet, auf dem Fluß Clyde
photovoltaische Plattformen anzulegen, die Solarenergie ins
städtische Stromnetz einspeisen. Die Plattformen folgen in Form
und Technik dem Vorbild der Seerose, deren große Blätter für
eine effiziente Photosynthese optimiert sind. Die Solarseerosen
werden leicht und beweglich sein. Integrierte Motoren sollen die
Scheiben so drehen, dass sie immer optimal zur Sonne ausgerichtet sind. 2008 wird ein Prototyp getestet.

WÜSTENSTADT
Von traditionellen Bauweisen lernen. Ghadames ist eine Siedlung, deren Ursprünge etwa 5000 Jahre weit zurück verfolgt werden können. Die Stadt, 640 Kilometer nordöstlich von Tripolis,
ist seit 1986 Weltkulturerbe der UNESCO. Die Stadtstruktur ist
den natürlichen Bedingungen der Sahara optimal angepasst und
resultiert aus einem komplexen Wissen über den Umgang mit
extremen Temperaturen: Niedrige, weiße Hofhäuser und dazwischen enge, überdachte Straßen halten die Stadt kühl – so kühl,
dass die Bewohner, die 1986 in ein neues Ghadames nach west-
lichem Vorbild umgesiedelt wurden, in den Sommermonaten re-
gelmässig in die alte Stadt zurückkehren, um der Hitze in der
modernen Stadt zu entkommen.

schaffen. Ich habe nichts dagegen, wenn diese Kulisse einstürzt. Uns aus den Trümmern herauszuziehen, wird aber ein schmerzhafter Prozess. Aber dann können vielleicht wieder Strukturen entstehen, bei denen man das Gefühl hat, dass sie auch in 100 Jahren noch da sein könnten.

Ich sehe da viele spannende Entwicklungen auf uns zukommen. Zu allererst das Umstellen auf ein weitgehend dezentrales Energieversorgungssystem ohne fossile Brennstoffe. Oder andere Stadtstrukturen, kompakte Stadtformen mit kurzen Transportwegen, die es leichter machen, bestimmte Energiedienstleistungen zu erfüllen. Der Klimawandel zwingt uns zu einer großen gesellschaftlichen Transformation, den Übergang zur Nachhaltigkeit. Ich glaube, dass wir damit auf eine wesentlich lebenswertere Zukunft zusteuern.

Mit welchen weiteren Schutzmaßnahmen müssten unsere Städte auf die bekannten bevorstehenden Veränderungen des Klimas reagieren, was wäre in diesem Zusammenhang eine „vorausschauende Stadtplanung"?

Die Städte werden mit einer Reihe von neuen Problemen konfrontiert werden, die im Wesentlichen auf drei Entwicklungen zurückzuführen sind: Erstens wird es natürlich wärmer werden. Selbst wenn wir die globale Erwärmung bei zwei Grad über dem vorindustriellen Niveau stoppen können, wird das Klima in einigen Regionen um vier bis fünf Grad wärmer werden. Und das ist nur der Jahresdurchschnitt. In Deutschland etwa sind dann Hitzewellen mit Spitzentemperaturen über 40 Grad Celsius häufig zu erwarten. Darauf sollte die Stadtplanung jetzt reagieren. Natürliche Belüftung öffentlicher Räume, Verschattung, Gebäudeklimatisierung – das sind Themen, die an Bedeutung gewinnen müssen. Die Gestalter könnten hier viel lernen von den Ländern mit einem seit jeher heißen Klima. Dort wurden schon vor Jahrhunderten ganze Städte so konstruiert, dass die natürliche Lüftung gegen die Hitze hilft. Die Wüstenarchitektur der nördlichen Sahara ist häufig nachhaltig im besten Sinne: Sie ist preiswert und erlaubt angenehmes Leben über viele Generationen.

Zweitens wird wegen der Erwärmung mehr Wasser aus den Ozeanen verdunsten und mehr Niederschlag fallen. Der wird sich aber eher in kurzen Ereignissen entladen, etwa wie in der Mittelmeer-

NEUE INSEL FÜR DIE MALEDIVEN

Malediven bauen neue Hauptstadt-Insel. Malé, die am dichtesten besiedelte Hauptstadt der Welt, platzt aus allen Nähten. Bereits 1997 wurde mit dem Bau der neuen Insel Hulhumalé begonnen, 2004 zogen die ersten 1.500 Bewohner auf das neu gewonnene Land. In Zukunft sollen hier 150.000 Menschen leben, knapp die Hälfte der gesamten Bevölkerung der Malediven. Denn laut UN-Klimabericht steigt der Meeresspiegel bis 2100 um 60 cm – mehr als 80 Prozent des Inselstaates liegt aber weniger als einen Meter über dem Meeresspiegel. Hulhumalé, die neue Hauptstadt-Insel, wird deswegen sicherheitshalber zwei Meter über dem Meeresspiegel liegen. Zur Finanzierung wird überlegt, Teile der Insel für 99 Jahre an Dubai zu verpachten.

MEHR STADTSTRAND

LURI.watersystems verspricht Badeplattformen und sauberes Flusswasser in den Städten. Viele europäische Städte nutzen noch immer die Kanalisationsanlagen des 19. Jahrhunderts, in denen Abwasser und Regenwasser gemeinsam geführt werden. Diese Systeme sind heute an der Grenze ihrer Kapazität und an heftigen Regentagen bereits überlastet, dann wird das Abwasser direkt in die Flüsse geleitet. Im Zusammenhang mit dem Klimawandel müssen wir in Zukunft mit häufigeren und stärkeren Unwettern rechnen. Die Lösung der LURI.watersystems ist schlicht: An die Kanalüberlaufstellen werden Überlauftanks angeschlossen, die das Abwasser bei starkem Regen zwischenspeichern und später in die Kanalisation zurückpumpen. Auf diesen großen Tanks entstehen Plattformen, die von den Uferpromenaden aus öffentlich zugänglich gemacht werden und dann als Badeplattformen dienen können – denn ohne die Verschmutzung aus der Kanalisation wird das Flusswasser so sauber sein, dass man darin baden kann.

ZUKUNFT

„Die beste Möglichkeit, die Zukunft vorherzusagen, ist sie zu gestalten!"

region. Dort gibt es stellenweise 300 Tage lang gar keinen Niederschlag und dann kommt ein heftiges Unwetter. Wie nimmt ein
Stadtorganismus diese Wassermengen auf, wie kann die Stadtent-
wässerung sie in kurzer Zeit entsorgen? Diese Fragen sollten beantwortet werden, bevor die Keller vollaufen.

Der dritte Punkt ist der Anstieg des Meeresspiegels. Städte an
Küsten müssen sich darauf einstellen, dass der Meeresspiegel in
diesem Jahrhundert voraussichtlich um etwa einen Meter steigen
wird – und langfristig noch mehr. Ein höherer Meeresspiegel, kombiniert mit einem tropischen Sturm oder, in Deutschland, Flut und
einem starken Tiefdruckgebiet, stellt unseren Katastrophenschutz
vor ganz neue Herausforderungen. Städte sind sehr verwundbar,
wie man in New Orleans nach dem Hurrikan Katrina gesehen hat.

*Sind Städte Teil des Problems, oder können sie auch Teil der Lö-
sung sein?*

Die Stadt ist der entscheidende Ort für den Plan, den Klimawandel in einem beherrschbaren Rahmen zu halten. Städte produzieren rund vier Fünftel aller Treibhausgasemissionen. Idealerweise
könnte man in Städten die Maßnahmen zur Vermeidung der Emissionen mit der Anpassung an die veränderten Bedingungen kombinieren. Ein Beispiel sind Gebäude, bei deren Nutzung keine Treibhausgase anfallen und die gleichzeitig so gebaut sind, dass sie
auch bei einer Hitzewelle angenehmes Klima bieten. Denn es ist
keineswegs damit getan, mit Klimaanlagen nachzurüsten. Das ist
sogar der dümmste und schädlichste Weg von allen. Klimaanlagen
heizen die Städte außerhalb der Häuser zusätzlich auf, sie verbrauchen fossile Brennstoffe und setzen Treibhausgase frei.

*Glauben Sie, dass die Gesellschaft fähig ist, so langfristig über die
Folgen ihres Handelns für kommende Generationen nachzudenken?
Wir müssen ja heute auch mit den Folgen des menschlichen Han-
delns der letzten 150 Jahre leben.*

Ich denke schon, dass wir immer längerfristiger denken und planen werden – auch durch eine gewisse „Verwissenschaftlichung"
unseres Denkens. Die beste Möglichkeit, die Zukunft vorherzusagen, ist aber sie zu gestalten! Wenn man zum Beispiel den Plan

GREEN DESERT MINE

Künstliche Energie-Oasen in der Wüste. Aufwindkraftwerke basieren auf einem simplen Konzept: Unter großen Glasflächen erwärmt sich die Luft, steigt in einem Kamin auf und erzeugt durch große Turbinen im Fuß des Schachts Energie. Eine einfache Technik, dennoch wurde lediglich eine Testanlage des Ingenieurbüros Schlaich Bergermann und Partner realisiert, 1982 in Spanien. Denn: Ein optimales Aufwindkraftwerk ist gigantisch. Ab einer Grundfläche von zwei Quadratkilometern und einer Turmhöhe von 1.000 – 2.000 Meter kann der Bau rentabel sein. Dimensionen eines ganzen Stadtteils. Der Architekt Christophe Barlieb hat deshalb die Pläne eines Kraftwerks mit einer Stadtanlage kombiniert. Er stellt sich Aufwindkraftwerke vor, unter denen sich Siedlungen und Agrarflächen bilden, die vom Kraftwerk mit der nötigen Energie versorgt werden. Rund 1.500 Menschen können in einer solchen Energie-Oase leben – theoretisch auch mitten in der Wüste.

NEUE MÖGLICHKEITEN FÜR SOLARZELLEN

SolarNext entwickelt neues Solarsystem. Mit dem neuen Verfahren können dünne Folien mit flexiblen Solarzellen bedampft werden, die zwar noch nicht so leistungsfähig sind, aber in der Produktion billiger als herkömmliche Photovoltaik. Ein Durchbruch im Bereich der Solartechnik ist das leichte System, weil dadurch neue Einsatzmöglichkeiten entstehen, wo Solarzellen bislang zu schwer waren: Auf pneumatischen Konstruktionen, Membranen oder weit gespannten Dächern.

fasst, die Industriegesellschaft in 50 Jahren auf Solarenergie umzustellen, dann wird es auch geschehen. Wir wissen, dass es möglich ist und insofern lässt sich auch der Erfolg des Plans recht gut vorhersagen. Zu warten, wo die Reise hingeht, und zu hoffen, dass sich die Probleme von alleine lösen, ist dagegen völlig hoffnungslos.

Aber wenn das so klar ist und man den politischen Willen voraussetzt, ist es doch sehr verwunderlich, warum nur wenige Investoren in die alternative Energieproduktion einsteigen? Zum Beispiel für Aufwind- oder Fallwindkraftwerke sowie andere große Solaranlagen?

Bei den Fall- und Aufwindkraftwerken ist schlicht die Dimensionierung ein Problem. Man muss schon etwa 1.000 Meter hohe Türme bauen, damit sich der Bau solcher Kraftwerke rechnet. Das ist durchaus umsetzbar, aber es erfordert erstmal große Investitionen. Bei anderen Solaranlagen sieht es jetzt schon gut aus. Parabolrinnenkraftwerke zum Beispiel sind eine Technologie, die man hervorragend im Griff hat und die nicht besonders teuer ist. Die Sonnenenergie ist die einzige schier unerschöpfliche Energiequelle auf diesem Planeten. Hier nicht viel entschlossener zu investieren, ist eine sträfliche Vernachlässigung der Optionen, die wir haben. Um Investitionen anzuregen, bräuchten wir wahrscheinlich ein großes Demonstrationsobjekt wie etwa einen Nordafrikanisch-Europäischen Solarstromverbund, der sich im Wesentlichen auf solarthermische Kraftwerke stützt. Platz wäre in Nordafrika im Überfluss vorhanden, die Sonne scheint hier 340 Tage im Jahr und könnte uns frei Haus versorgen. Wir müssen „nur" die Infrastruktur stellen. Das heißt, die Solarkraftwerke und ein Hochspannungs-Gleichstromnetzwerk, das Nordafrika und Europa verbindet. Das ist übrigens nicht schwieriger zu verwirklichen als das historische Projekt Suezkanal. Ein Konsortium aus Energieunternehmen und Banken könnte in einer Public-Private-Partnership so ein Projekt realisieren, sagen wir mit Tunesien, Italien, Österreich und Deutschland. Es gibt nichts, was dagegen spricht, außer der Trägheit der Politik und der Unternehmer.

YONA FRIEDMAN
*1923, Architekt, Stadtplaner und Künstler. 1958 veröffentlichte er „L'Architecture Mobile", das Gründungsmanifest der „Groupe d'Étude d'Architecture Mobile (GEAM)". 1965 gründete er die „Groupe International d'Architecture Prospective (GIAP). Hauptwerk sind seine visionären Raumstadtkonzepte wie „la ville spatiale". Seine Arbeiten wurden u.a. 2002 auf der documenta 11 gezeigt.

Vielleicht verhindert die politische Instabilität in Nordafrika große Investitionen?

Wenn es um Gas und Öl geht, hat kein Mensch Angst davor, da machen wir heute bereits wunderbare Geschäfte mit Nordafrika. Wir könnten einen Solarstromverbund natürlich auch innerhalb von Europas Grenzen realisieren. Aber ich denke, eine Partnerschaft mit Nordafrika wäre sinnvoller. Ich glaube, dass diese Partnerschaft Wirtschaftsstrukturen beleben und damit auch zur politischen Stabilisierung dieser Region beitragen könnte. Europa muss doch ohnehin versuchen, besser mit Nordafrika zusammenzuarbeiten, auch um terroristischen Tendenzen vorzubeugen. Was wäre besser dafür geeignet als so ein wirklich nachhaltiges Energieprojekt? Aus Solarzellen oder aus den Bauteilen für solarthermische Kraftwerke kann man auch keine Atomwaffen schmieden. Es spricht meines Erachtens also auch politisch vieles für diese Partnerschaft. Ich glaube, sie wird kommen und man wird sich in ein paar Jahren an die Stirn schlagen und sich fragen, warum man nicht früher damit begonnen hat!

„Die Menschen sollten dem Klima folgen."
Im Gespräch mit YONA FRIEDMAN

Sie haben 1969 ein städtebauliches Projekt für Venedig publiziert, dass eine große Diskussion auslöste: Nuova Venezia. Darin schlagen Sie eine große Struktur nach dem Konzept ihrer ville spatiale vor, die auf riesigen Stützen über der Lagune und dem historischen Venedig errichtet wird. Wie aktuell ist dieses Projekt heute?

Aus der heutigen Sicht ist das vielleicht schwer zu verstehen, aber das alte Venedig schien damals auszusterben. Die Gebäude verfielen langsam, die Menschen zogen aufs Festland. Wollte man die Lebendigkeit der alten Stadt bewahren, dann mußte die Stadt modernisiert und erweitert werden – in der Altstadt ging das aber nicht. Die Idee einer ville spatiale bot mehrere Vorteile: Über der Lagune würden die weiten Abstände der Stützen dafür sorgen, dass nur ein Minimum von Landfläche verbraucht wird. Die Struktur der ville spatiale hätte die bestehenden Inseln aufgegriffen und

VENEDIG UNTER WASSER?

Die steigenden Temperaturen lassen das Eis der Polkappen schmelzen. Würde das Grönlandeis vollständig schmelzen, der Meeresspiegel stiege um sieben Meter. Ohne zusätzliche Schutzmaßnahmen hätte dies dramatische Folgen: Bangladesch verliert 16 Prozent, die Marschall-Inseln 80 und die Niederlande 6 Prozent ihrer Landfläche. Niedrig gelegene Städte wie Venedig würden vom Meerwasser überflutet. Das „Global Dynamics Institute" in Rom geht davon aus, dass Venedig in den kommenden 25 Jahren 40 Prozent mehr Hochwasser erleben wird. Im Jahr 2050 würde Venedig komplett unter Wasser stehen.

RETTET MOSES VENEDIG?

Italienische Regierung plant 4 Milliarden Euro teure Wellenbrecher. 2014 soll das Projekt fertig gestellt sein. Mobile Stahlmodule vor den 79 Wasserzufahrten Venedigs sollen sich bei Flut bis zu 110 cm über Normalnull erheben und die Zufahrten sperren. In Anlehnung an den biblischen Marsch durch das Rote Meer wurde das Projekt „MOSE" getauft - was auch die Abkürzung des offiziellen Namens „Modulo Sperimentale Elettromeccanico" ist. Lokale Politiker, Wissenschaftler und Umweltaktivisten lehnen das Projekt als unwirksam ab. Eines der Hauptprobleme sind die für die Bedürfnisse der Erdölindustrie vertieften Hafeneinfahrten und der ständig steigende Wasserspiegel. Venedig ist mit seinem Kampf gegen das Hochwasser ein Beispiel für das, was anderen Städten bevorsteht: New York, Tokio, Jakarta oder Hamburg liegen nicht viel höher als Venedig.

VORHERSEHBARKEIT

„Ich glaube nicht an die Vorhersehbarkeit von finalen Resultaten."

neue geschaffen, an den Fußpunkten der Stützen. Hier hätten die Vaporettos – die venezianischen Wassertaxis – eine einfache, traditionelle Verbindung nach Venedig herstellen können. Die Wasserwege, auf denen Venedig versorgt wird, wären von der neuen Stadt unberührt geblieben. Die Struktur hätte eher wie bewohnte Brücken zwischen diesen Inseln aussehen können – die Inseln selbst wären unbewohnt geblieben.

Im Zusammenhang mit dem Klimawandel wird uns ein Ansteigen des Meeresspiegels vorher gesagt. Für das heute bereits häufig überflutete Venedig könnte das katastrophale Folgen haben. Wäre das Nuova Venezia-Projekt eine Lösung dafür?

Ich denke nicht. Die ville spatiale für Venedig ist kein Plan, den es detailliert auszuführen gilt, sondern ein Vorschlag, was man machen könnte. Würden die Menschen dem Vorschlag folgen, dann könnte es irgendwann so aussehen, wie auf meinen Zeichnungen – es könnte aber auch ganz anders aussehen. Ich bin unglücklich mit all diesen Lösungen und festen Regeln, mit denen wir unsere Entwicklung unnötig behindern. Starre Planungen sind immer fehlerhaft und – noch schlimmer – sie lassen keinen Raum, um die Fehler zu korrigieren. Wir sollten vielleicht mehr offen lassen und mehr improvisieren. Die Menschen könnten dann freier agieren.

Planer sollten also weniger Regeln einsetzen?

Architekten sollten begreifen, dass sie nur den Ausgangspunkt eines Prozesses gestalten. Ich hatte nie ein allzu großes Interesse an diesem Geschäft mit der Architektur. Ich will gewisse Prozesse in Gang bringen, hatte aber nie die Illusion, dass der Prozess mir gehört oder dass ich ihn kontrollieren könne. Daher kann ich auch nicht sagen, wie eine ville spatiale über der Lagune von Venedig letztlich ausgesehen hätte, weil ich nicht an die Vorhersehbarkeit von finalen Resultaten glaube.

Können Planer und Architekten auf die schwer abzuschätzenden Folgen des Klimawandels am besten reagieren, indem sie in ihren Planungen große Freiräume für Adaption und Improvisation einräumen?

ECOTARIUM

Das Projekt Ecotarium des New Yorker Architekturbüros Terreform1 untersucht, wie sich bestehende Städte abkapseln lassen, um sie als schwimmende Inseln nach Norden wandern zu lassen: „Das Propagandaprojekt Ecotarium – Zukunft im Norden basiert auf der Annahme, das sich unser Klima in den nächsten 100 Jahren unwiderruflich ändern wird: Es wird massive Bevölkerungsbewegungen nach Norden geben, die den schweren Überschwemmungen und den steigenden Temperaturen im Süden entfliehen. In arktischen Regionen wird sich das Packeis zurückziehen und Land zur Besiedelung freigeben. Immobilienentwickler werden sich den nördlichen Klimazonen zuwenden, in denen es bislang beinahe keine menschlichen Siedlungen gab. Um die Ausmaße einer solchen globalen Verlagerung zu verdeutlichen, lassen wir die Städte nordwärts wandern: San Francisco, Miami oder London. Die Realität von hunderten Millionen Menschen, die ihr Leben, ihre Kultur und ihre Geschäfte nach Norden verlegen, sprengt ohnehin jede Vorstellungskraft."

AM STRAND

Ich mag die Frage nach der Zukunft und ich glaube stark an eine zunehmende Entmaterialisierung von Architektur. Das geht vielleicht nicht so sehr darum, was Architekten tun sollten, es ist eher eine generelle Tendenz, die ich in unserer Gesellschaft feststelle. Nehmen wir als Beispiel die Arktis: Durch den Klimawandel wird die Nordpassage zwischen Kanada und Russland in den Sommermonaten schiffbar. In den nächsten 20 oder 30 Jahren wird hier also eine, wenn auch nur im Sommer, wichtige Schifffahrtsroute entstehen. Also stelle ich mir vor, dass es entlang dieser Route auch neue Stadtgründungen geben wird, die aber nur im Sommer bewohnt sein werden. Halb-Städte könnte man sagen. Im Sommer benötigt man dort oben sicher wenig Energie – in den arktischen Sommern hat man ja bis zu 20 Stunden am Tag Sonnenlicht. Die Architektur dieser Städte könnte also mit einem Minimum an umschlossenem, klimatisch kontrolliertem Raum auskommen und die Städte ihre Energie vollständig aus Solarenergie gewinnen.

Und wohin gehen die Menschen im Winter?

Es könnte sich für die Zukunft als eine kluge Politik für die Menschen in den nördlichen Regionen erweisen, wenn man im Laufe eines Jahres dem Klima folgen würde. Viele Tiere leben so, warum sollte ein solcher Rhythmus für Menschen undenkbar sein? Viele Menschen besitzen bereits einen zweiten Wohnsitz. Das war bislang ein Privileg für Wohlhabende, aber durch neue Bautechnologien könnte das für sehr viel mehr Menschen finanzierbar werden. Das könnte ein Modell sein für eine völlig neue Struktur von Siedlungen: Wir hätten dann im Norden nur noch Sommerarchitektur, die viel weniger Energie verbraucht als Winterarchitektur. Die Städte würden einfach nicht mehr so viel vollständig umschlossenen Raum benötigen. Das wäre ein enormer Einschnitt – in der Architektur, in unserem Energieverbrauch und sicher auch in unserer Lebensweise. Ich denke, die Menschen werden in der Zukunft viel mobiler sein und dadurch werden sich die dichten Strukturen unserer Städte zunehmend auflösen.

Und diese Städte werden dann von den Menschen selbst gestaltet und der Architekt initiiert nur den Prozess?

AMPHIBISCHE STÄDTE FÜR KLIMAFLÜCHTLINGE

Für das Jahr 2100 hat der belgische Architekt Vincent Callebaut eine schwimmende Stadt entworfen, die zukünftige Heimat für Klimaflüchtlinge werden soll. Für die Struktur seiner schwimmenden Städte, die jeweils bis zu 50.000 Menschen beherbergen sollen, hat sich Callebaut von den südamerikanischern Seerosen anregen lassen: „Während die Niederlande und die Vereinigten Arabischen Emirate noch immer Milliarden von Euro in die Ausbreitung ihrer Strände stecken, um ihre kurzlebigen Polder und Schutzdeiche zu bauen, bietet Lilypad eine dauerhaftere Lösung gegen den steigenden Meeresspiegel. Lilypad ist eine amphibische Stadt, in der 50.000 Einwohner und eine eigene Fauna und Flora um eine zentrale Lagune herum leben können. Ziel ist es, eine harmonische Koexistenz von Mensch und Natur in einem vollständig autarken Stadtorganismus zu schaffen. Lilypad produziert eigene Energie, eigenes Essen und eigenes Trink- und Nutzwasser; Lilypad ist vollständig recyclebar und produziert keine Emissionen. Lilypad ist der Entwurf einer multikulturellen, schwimmenden Ökopolis als mögliche Antwort auf die Herausforderungen des 21. Jahrhunderts."

Ja. Die Zersiedelung in Europa ist bereits eine Stadtstruktur, die weitgehend ohne Architekten gestaltet wird – hier werden nur infrastrukturelle Maßnahmen getroffen und die Gestaltung der Häuser bleibt dem Individuum überlassen. Ich glaube, dass die verschiedenen Bestandteile der Städte immer autonomer und dadurch auch separierter sein werden.

Wir können als Beispiel auch die Slums nehmen: Sie sind illegale, gänzlich selbstorganisierte Strukturen, die nach ihren eigenen Regeln entstehen. Die Menschen dort müssen sich untereinander ständig neu einigen, sie müssen gemeinsame Regeln finden.

Die Qualität der Gebäude in einem Slum ist in aller Regel sehr schlecht.

Das ist ein Problem der Illegalität einerseits und der fehlenden fachlichen Hilfe andererseits. Ich glaube, die Lösung liegt in einer neuen Form von Recycling. Wir müssen lernen, die industriellen Reststoffe besser zu nutzen. Die Menschen auf den Dörfern haben ihre Häuser früher aus den Überresten der Landwirtschaft gebaut: Steine, die auf den Feldern gesammelt wurden, wurden zu Mauern. Es wurden Techniken entwickelt, diese Materialien als das zu nutzen, was sie sind. Die billigsten verfügbaren Rohstoffe unserer heutigen Gesellschaft sind die Abfallprodukte der Industrieproduktion. Wir müssen lernen, wie man diese Stoffe besser verwenden kann. Ich sage nicht, dass wir aus dem Plastikmüll unserer Gesellschaft direkt Häuser bauen sollten – obwohl das in den Slums bereits geschieht und dort teilweise sehr interessante Konstruktionen entstehen, aus denen wir Rückschlüsse ziehen könnten. Wir könnten z.B. darüber nachdenken, ob wir die Verpackungen nicht gleich so gestalten, dass wir daraus etwas bauen können.

PETER SLOTERDIJK
*1947, Philosoph und Kulturwissenschaftler. Seit 2001 Rektor der Staatlichen Hochschule für Gestaltung in Karlsruhe, an der er Philosophie und Ästhetik lehrt. Er studierte Philosophie, Geschichte und Germanistik.

LEBEN UNTER DER GLASGLOCKE
In der Wüste von Arizona lebten zwischen 1991 und 1993 acht Menschen unter einem Kuppelbau aus Glas. Auf 16.000 Quadratmetern waren verschiedene Biosysteme künstlich angelegt – Savanne, Ozean, tropischer Regenwald, Mangrovensumpf, Wüste. Der Name „Biosphere 2" verweist darauf, dass die Erde die erste Biosphäre des Menschen ist. Das Experiment sollte beweisen, dass in einem künstlichen und von der Außenwelt komplett abgeschlossenen ökologischen System Leben langfristig möglich ist. Das Experiment gilt als gescheitert, im Jahr 1996 übernahm die Columbia University die Verwaltung der „Biosphere 2" und nutzt sie seitdem für ökologische Forschung und Lehre.

ECOLOGICAL GATED COMMUNITIES
Gated Communities sind – neben Slums – die Siedlungsformen des 20. Jahrhunderts mit den höchsten Zuwachsraten. Damit dieses Wachstum weiter anhält haben Investoren das Genre der ökologisch korrekten Gated Community entwickelt: Private Sicherheit kombiniert mit einem guten ökologischen Gewissen – z.B. das in einem Naturschutzgebiet gelegene „Santa Ana Residential" auf Costa Rica. „Eine der weltbesten ökologischen Gated Communities. Berühmt für die Wiederherstellung der natürlichen Umwelt und Einbettung der Architektur in die Landschaft. In unmittelbarer Nähe dieser exklusiven Gated Community finden sie Shopping Malls, ein Business Center und einen Golfplatz."

IM LAGER

„Europa ist ein Kristallpalast."
Im Gespräch mit PETER SLOTERDIJK

In ihrem Buch Sphären III - Schäume *beschreiben Sie das Prinzip von Einschließungsräumen und künstlichen Innenraumwelten. Wird die gegenwärtige Ökologisierungsdebatte mit ihren Ängsten vor Umweltzerstörung etc. diese Entwicklung verstärken?*

Es spricht vieles dafür, dass die Menschen unter dem Deckmantel eines autohypnotischen Diskurses über Nachhaltigkeit und über ökosystemisches Bewusstsein genau das im Realen zerstören, was sie im diskursiv hypnotischen Raum beschwören. Wenn die zerstörerischen Aspekte des Klimawandels in dem zu befürchtenden Ausmaße eintreten, wird sich das Gesetz der Einkapselung weiter durchsetzen und zwar als großformatige Einkapselung.
Im Lauf des 20. Jahrhunderts haben wir uns an Mikrokapseln wie z.B. die Einraumwohnung gewöhnt. Wir haben die zellulare Bauweise der Einraumwohnung, des Appartements, als die Anthropologie des architektonischen Individualismus so sehr verinnerlicht, dass wir sie inzwischen für eine Naturkonstante halten: ein Mensch, ein Raum, eine Zentralverriegelung. Mit diesen Mikro-Isolationen haben wir keine Schwierigkeiten. Unsere Schwierigkeiten beginnen erst, wenn wir z.B. das Phänomen der Gated Communities diskutieren, denn hier wird der moralische Skandal der Makro-Einkapselung auch in seiner sozialen Obszönität sichtbar. Fasst man noch größere Einheiten ins Auge, wie zum Beispiel den visionären Manhattan Dome von Buckminster Fuller, dann hat man den Fluchtpunkt einer solchen makrosphärischen Interieurkonstruktion konkret vor Augen. Ich bin davon überzeugt, dass eine Tendenz im Realen darauf hinläuft, solche geschützten Sphären zu erzeugen. Wenn man Europa als latent architektonisches Projekt ansieht, so besteht sein makro-architektonisches Verhalten darin einen Kristallpalast im kontinentalen Ausmaß zu errichten.

Wird der europäische Kontinent ihrer Meinung nach auch mit architektonischen Mitteln realisiert, sprich an seinen Grenzen baulich gesichert werden?

EU-BEGRÜSSUNGSZENTREN IN NORDAFRIKA

Im September 2005 schlägt der damalige Bundesinnenminister Otto Schily vor, in Nordafrika EU-Aufnahmeeinrichtungen für Flüchtlinge aufzubauen. Ziel des „Regionalen Schutzprogramms" ist, den „Anreiz für illegale Migration ... zu verringern". Die Errichtung von „Aufnahmeeinrichtung in Nordafrika muss dabei Teil einer langfristigen Strategie sein, die Aufnahme- und Schutzkapazitäten dieser Staaten so auszubauen, dass sie nicht mehr nur Transitstaat sind, sondern selbst in wirksamer Weise Schutz anbieten und gewährleisten können." Das Projekt scheitert am Widerstand anderer europäischer Staaten mit dem Hinweis, solche „Begrüssungszentren" gebe es ja schon: Die stark befestigten spanischen Exklave auf marokkanischem Boden Ceuta und Melilla.

WELTHAUSWIRTSCHAFT

„Das Problem ist, das wir noch keine Welthauswirtschaft betreiben können."

ECOLOGICAL FOOTPRINT

Den Anteil am Klimawandel messbar machen. Die 2007 veröffentlichte Studie „Measuring Sustainable Development" hat den Begriff des „ökologischen Fußabdrucks" geprägt. Der Wert zeigt, wieviel Erdoberfläche zum Erhalt des Lebensstandards eines Landes benötigt wird. Die Vereinigten Arabischen Emirate haben den schlechtesten Quotienten: Würden alle Länder der

Sicher nicht in allernächster Zeit. Die Mittel der Grenzsicherung sind Zoll, Polizei, juristische Grenzwachen und dergleichen. Politik wird dabei zum Außenhautmanagement des virtuellen und realen Kristallpalastes. Erste Ansätze erleben wir gerade mit der Gründung der Mittelmeerunion, mit der die EU konkrete Außenhautpolitik im Süden zu praktizieren beginnt: Vertreter der demokratischen Staaten setzen sich mit den Vertretern der nordafrikanischen Despotien an einen Tisch und arbeiten eine Formel aus, in der die Selbstunterdrückung der einen und die Selbstabschottung der anderen definiert werden. Das ganze stellt sich als Gebärde der Öffnung dar, ist aber eine Kontrollstruktur. Diese läuft letzten Endes auf einen dialektischen Zwitter zwischen Inklusion und Exklusion hinaus, bei dem es um Porositätsmanagement geht. Die Poren müssen so eng eingestellt werden, dass nur die wenigsten hindurch können.

Wir wirkt sich diese Verkapselung nach Innen aus? Schließlich leben wir in einer Kultur, die sich selbst als weltoffen beschreibt und, insbesondere im Bezug auf Ökologie, von globaler Verantwortung spricht. Ist das nicht eine zutiefst widersprüchliche Haltung?

Das ist richtig. Das Problem ist, das wir noch keine Welthauswirtschaft betreiben können. Es gibt zwei Wissenschaften, die die architektonische Zentralmetapher „Haus" im Namen führen. Die Ökonomie und die Ökologie sind beides Hauswissenschaften, aber die Menschen können ein wirkliches Welthaus, ein planetarisches Haus, noch nicht führen.

Der chronische Gebrauch des Wortes „nachhaltig" in den zeitgenössischen Diskursordnungen ist symptomatisch. Die meisten Zeitgenossen wissen ja sehr wohl, was nicht geht. Der Begriff Nachhaltigkeit wird bei uns deswegen so häufig benutzt, weil er die Wunde im Projekt der Hauswirtschaft darstellt. Wir können die Standards, die im westlichen Haus praktiziert werden, nicht generalisieren, das wäre die Weltuntergangsformel. Wenn wir innerhalb von zehn Jahren amerikanische oder europäische Energieverbrauchsstandards auf das Weltniveau übertragen würden, dann würde das Welthaus in kürzester Zeit implodieren.

Welt diesen Lebensstandard haben, bräuchten wir 6,67 Planeten. Von 140 untersuchten Ländern haben gerade einmal 76 Länder einen Öko-Fußabdruck, der weniger als die ihnen zur Verfügung stehende Fläche benötigt – und von diesen gelten alle bis auf Kuba als „unterentwickelt". Alle „hoch entwickelten Länder" verbrauchen also mehr natürliche Ressourcen, als sie Landoberfläche besitzen. Kuba hingegen gilt nach der Studie als Musterknabe: „Hoch entwickelt" und dennoch einen Quotienten von 0,87 Erden.

DER ÖKOLOGISCHE IMPERATIV
„Verhalte dich so in deinen architektonischen Äußerungen, dass die Maxime deines Bauens jederzeit als Grundlage einer nicht selbstzerstörerischen Lebensweise dienen könnte."

Wir sind hier in einer semantischen Grauzone, wo sehr viel Schwindel betrieben wird. Die Notwendigkeit, Politik als Architektur des Weltganzen zu konzipieren, wird zwar von einigen Leuten in visionären Minuten mit hochfliegender Rhetorik antizipiert, aber auf der praktischen Ebene sind wir unendlich weit davon entfernt. Das politische Handeln bleibt regional, oder, um im Bilde zu sprechen, eine Politik des Zimmers, ohne eine Politik des Hauses zu werden. Die Welt ist, wenn man so will, ein riesiges Apartmenthaus, in dem sich einzelne Zimmerbewohner imperial gebären. Das ist der Terror der Zimmerperspektive, der im Augenblick noch vorherrscht.

Wie könnte man diese Perspektive des Einzelapartments durchbrechen?

Frei nach Kant: Verhalte dich so in deinen architektonischen Äußerungen, dass die Maxime deines Bauens jederzeit als Grundlage einer nicht selbstzerstörerischen Lebensweise dienen könnte. Ein solcher ökologischer Imperativ schafft die Außenwelt ab. Bisher als Externalitäten gedachte Prozesse müssten dann in das System einbezogen werden.

Sobald wir Ökosysteme als große Hauswirtschaften begreifen, gibt es kein Außen mehr. Stattdessen muss alles unter Innenweltkriterien betrachtet und das gesamte menschliche Verhalten nach den Gesetzen einer hauswirtschaftlichen Verhaltensweise bewertet werden. Die uralte Sorglosigkeit, die ursprünglich der Existenz von Homo Sapiens gegeben war, ist verloren: Unsere Bananenschalen können wir nicht mehr in die Natur werfen, denn es gibt keine Natur mehr.

In einem Interview mit DER ZEIT sagten Sie 2005: „Unsere größte Gefahr steckt in der Unfähigkeit 30, 50 oder 100 Jahre konkret voraus zu fühlen." Wie weit können oder müssen wir voraus fühlen?

Da die Welt sich so weit beschleunigt hat, müssen wir heute davon ausgehen, dass die Folgen unseres Handelns noch zu unseren Lebzeiten zu uns zurückkehren. Im indischen Schicksalskonzept des Karma besteht die Vorstellung, die Krümmung des Karmas sei so flach, dass die Handlungsfolgen die Akteure zu deren Lebzeiten

STROM DURCH KINDERARBEIT

Wippe als regenerative Energie-Quelle. Der englische Produkt-designer Daniel Sheridan hat die Lösung des Energieproblems auf Kinderspielplätzen gefunden. Seine Wippen machen Spaß und können gleichzeitig Energie erzeugen. Durch eine Stunde Wippen kann man einen Laptop 50 Minuten lang antreiben – derzeit arbeitet er an Wippen mit einem höheren Wirkungsgrad. Schulen und Kindergärten könnten sich damit in Zukunft durch ihre eigene, regenerative Energiequelle mit Strom versorgen: Durch Kinderenergie.

PARTY AT THE POINT OF NO RETURN

Nachhaltige Disko in London. Bis zu 60% der benötigten Energie des „Club4Climate" wird durch die Erschütterung des Tanzbodens erzeugt. Unter der Tanzfläche sind kleine Kristallblöcke installiert, die durch Druck elektrische Spannung erzeugen (Piezoelektrizität). Der Rest des Energiebedarfs wird durch Wind- und Solarenergie gewonnen – wer beweisen kann, dass er zu Fuß oder per Fahrrad gekommen ist, erhält freien Eintritt.

GLOBAL WARMING READY

„Global Warming Ready" steht in der einen Bildecke, „Diesel" in der anderen. Eine Werbekampagne der italienischen Modemarke. Die Motive der 5-teiligen Kampagne, die weltweit in Hochglanzmagazinen gedruckt wird, zeigen die Strände der Zukunft: Eine attraktive Brünette fährt im Motorboot übers Meer, im Hintergrund steht dezent auf einer Palmeninsel die Tower Bridge. Rio de Janeiro, New York, Paris und die chinesische Mauer – sie sind alle überflutet oder halb von Wüstensand verschluckt. Die Fotomodelle sind von den neuen Stränden offensichtlich begeistert.
Global warming ready: Die Party geht weiter, wir brauchen nur neue Strandmode.

nicht mehr erreichen. Die Kausalität des Schicksals, also auch die Folgen von Verbrechen und Unrecht, trat hier erst jenseits des einzelnen Lebens in Kraft. Dennoch war klar, dass alle Taten zum Täter zurückkommen: Die Bilanz aus der moralischen Wertigkeit eines gelebten Lebens erfolgte in einer der nächsten Inkarnationen. Der Schicksalskreis ist dabei riesengroß, man hat hundert Leben Zeit, um karmische Konsequenzen abzuarbeiten.

Im Moment scheint dieser karmische Kreis immer kleiner zu werden bzw. sich stärker zu wölben. Wenn man als Neugeborener bereits an der Klimazerstörung mitwirkt, könnte man als Siebzigjähriger an den Konsequenzen der eigenen Vergiftung ersticken. Die Externalisierung des Schicksals funktioniert nicht mehr. Das ist etwa wie bei einem Kampfflieger, der die ballistische Kurve seiner Munition falsch berechnet und sich selber abschießt, weil er in das langsamer gewordene eigene Geschoss hinein fliegt.

Was bedeutet das denn für unsere Konzeption von Leben: Verzicht und Verantwortung oder eine neue Maximierung von Genuss und totaler Hedonismus?

Sehr viele Menschen sind bereit, das Rollenangebot zu akzeptieren, das von der stärksten evangelischen Macht der heutigen Welt angeboten wird – von dem Evangelium der letzten Menschen. Es ist fast so, als hätten sämtliche Werbetexter den Zarathustra auswendig gelernt, aber die Pointe umgedreht. Wir wollen nicht den Übermenschen, sondern wir wollen den letzten Menschen. Wenn man sich Lifestyle Magazine anschaut, dann ist klar, dass ein Aufbruch in die permanente letzte Party vorbereitet wird, ein Evangelium des immerwährenden Amüsements. Diese letzten Menschen akzeptieren, dass sie durchfeiern können, weil sie keine Welt nach sich konzipieren müssen.

Natürlich gibt es auch noch Menschen, die in ihrem Lebensentwurf die kommenden Generationen berücksichtigen, das sind meist Menschen mit Kindern und Enkelkindern. Bezogen auf die Architektur würde das eine Neuformulierung der Grundfrage nach Haus und Zeit nach sich ziehen müssen, denn Architektur trifft Aussagen über Raum und Zeit zugleich. Es werden nicht nur Räume gestaltet, es werden damit auch immer Zeitbögen aufgerichtet.

TITANENKAMPF

„Machen sie sich klar, an welchem großformatigen Drama wir beteiligt sind – das ist ein Titanenkampf. Man wird zum Kombattanten, zum Teil der Schlachtordnung und so bleibt die revolutionäre Ungeduld erhalten."

MARK TERKESSIDIS

*1966, Journalist und Migrationsforscher. Er arbeitet für "die tageszeitung", „Die Zeit" und „Literaturen", sowie für den „Westdeutschen Rundfunk" und „Deutschlandfunk" und ist Mitglied der Initiative „Kanak Attak". Seine Themenschwerpunkte sind Jugend- und Popkultur, Migration und Rassismus. Er studierte Psychologie und Pädagogik.

Wäre es angesichts der großen Umwälzungen – die, denen wir bereits ausgesetzt sind und die, die uns noch bevorstehen – nicht an der Zeit, die Verhältnisse radikal zu verändern, statt immer nur die laufenden Prozesse ein bisschen zu verbessern? Update oder Neustart?

Der Begriff des Updates beinhaltet ein gewisses Understatement. Sie wollen ja nicht nur neue Software einlegen. Jeden zweiten Morgen meldet mein Computer, es seien neue Updates verfügbar, aber wenn ich sie installiere, ist ein Neustart erforderlich. Wir müssen dasselbe System immer wieder neu starten, um Erneuerungen einzubauen. Früher war das eine revolutionäre Logik, heute sind diese Neustarts Routinevorgänge. Das ist aber auf keine Weise befriedigend. Die Befriedigung kommt von woanders: Machen Sie sich klar, an welchem großformatigen Drama wir beteiligt sind – das ist ein Titanenkampf. In diesem Zusammenhang kann man einen schönen Satz aus Nietzsches „Geburt der Tragödie" über die Götterkämpfe zitieren: „Es ist der Zauber dieser Kämpfe, dass, wer sie schaut, sie auch kämpfen muss!" Und so ist es auch im Bereich der heutigen ökopolitischen Entscheidungen: Sie beobachtend wird man zum Kombattanten, zum Teil der Schlachtordnung. Die revolutionäre Ungeduld bleibt somit erhalten.

„Die permanente Krise ist Bestandteil des Lebens geworden."
Im Gespräch mit MARK TERKESSIDIS

Wohin wird die zunehmende Aufrüstung und Militarisierung an den europäischen Außengrenzen führen?

Was die EU insgesamt betrifft, sehe ich zunächst einmal keine Hinweise, dass sich die „Festung Europa" – sagen wir innerhalb der nächsten zwei Jahrzehnte – öffnet. Es scheint, als würde der Sicherheitskordon aufrecht gehalten und ausgedehnt werden. Europa wird also noch schärfere Überwachungsmaßnahmen an seinen Grenzen einführen und angrenzende Länder weiter dazu bringen, Maßnahmen zu ergreifen, um Migration zu verhindern. Auf internationaler Ebene allerdings wird ganz anders nachge-

EUROPA IN AFRIKA

Melilla und Ceuta sind autonome spanische Städte auf marokkanischem Boden. Selten wird die Außengrenze der EU so sichtbar wie hier: Die Grenzen der Städte sind schwer gesichert, zwei bis zu sechs Meter hohe Zäune mit Stacheldraht, Bewegungsmelder, Nachtsichtkameras.

CEUTA

29.09.2005: Bis zu 600 Menschen versuchen, über die Grenzanlagen zu klettern. Dabei kommen mindestens vier Menschen ums Leben. Einer der Männer blieb laut Agenturangaben im Zaun hängen, der Ceuta umgibt, ein anderer wurde totgetrampelt, wie das das spanische Innenministerium bekannt gab. Zwei weitere Tote hat die Küstenwache später auf der marokkanischen Seite der Grenzanlage gefunden. Zu dem Vorwurf, es sei auf die Menschen geschossen worden, äußerte sich das Innenministerium nicht.

MELILLA

30.09.2005: Entlang der zehn Kilometer langen Grenze von Melilla sollen die Sperrzäune von drei auf sechs Meter erhöht werden. Die Arbeiten würden bis Februar 2006 abgeschlossen, teilte der spanische Staatssekretär Antonio Camacho mit. Die Polizeigewerkschaft verurteilte die Maßnahmen als völlig unzureichend.

dacht. Von verschiedenen Stellen bei den Vereinten Nationen gibt es erstaunliche Papiere, die sich eine alte linke Forderung zu eigen gemacht haben: Die Öffnung der Grenzen. Die „Festung" macht überhaupt keinen Sinn, heißt es da, weil der bürokratische Aufwand und die Kosten für Sicherheit viel zu hoch sind. Aus rein wirtschaftlicher Sicht würde eine Öffnung der Grenze also mehr Sinn machen. Zudem ist der Migrationsdruck nicht so hoch wie gern behauptet. In vielen Prognosen wird mit Zahlen gearbeitet, die niemals zutreffend waren: Es ist keineswegs so, dass alle Flüchtlinge der Welt nach Europa gelangen möchten. Die Leute meisten Menschen fliehen im Fall eines Bürgerkriegs etwa erst mal in Nachbarland und warten dann darauf, dass sie wieder nach Hause können.

Wie müsste eine zukunftsfähige Migrationspolitik für Europa aussehen?

Wirtschaftlich gesehen hat die EU ein massives Interesse an der Migration junger Menschen. Gleichzeitig aber werden die Sicherheitsmaßnahmen an den Grenzen verstärkt und die Bestimmungen für den Zuzug bleiben weitgehend undurchsichtig. Das führt zu der ziemlich absurden Konstruktion einer „Festung" mit unendlich vielen Hintertürchen, die Migration nach Europa ermöglichen.
Die Minimalforderung wären transparente Regeln für Einwanderung – das ist eigentlich offensichtlich. Aber obwohl es offensichtlich ist, geschieht nichts. Also muss ich davon ausgehen, dass genau das politisch gewollt ist. Die Unentschlossenheit im Umgang mit der Migration wird beibehalten und führt zu einem ständigen Provisorium. Es werden keine Lösungen gesucht, sondern man richtet sich mitten in der Krise ein. Die permanente Krise ist konstitutiver Bestandteil des Lebens geworden – nicht nur in der Migrationspolitik. Die Politik tut nur noch so, als wollte sie diese Krise bewältigen. Der so genannte „Sturm auf Europa" 2005, als Flüchtlingen aus Afrika die Zäune der spanischen Exklaven Melilla und Ceuta in Marokko durchbrachen, hat ja gezeigt, dass es keine Problembearbeitung gibt. Man verstärkt die Zäune und richtet sich auf der nächsten Ebene von Provisorium und Krise ein.

TRAUMSTRAND KANARISCHE INSELN

Die Kanaren liegen mehrere hundert Kilometer vor der afrikanischen Küste. Dennoch sind sie mittlerweile ein begehrter Anlaufpunkt, nachdem die spanischen Behörden seit 2005 in ihren Exklaven Ceuta und Melilla die Sicherheitsvorkehrungen verschärft haben: 31.000 „illegale" Einwanderer 2006, rund 20.000 2007. Inzwischen hat die spanische Küstenwacht die Kontrollen verstärkt, rund 8.000 Flüchtlinge wurden 2007 auf hoher See aufgegriffen und zurück nach Afrika geschickt. Schätzungen zufolge ertrinken oder verdursten etwa 50% der Flüchtlinge während des Überfahrtsversuches.

Warum tut sich Europa dann so schwer, seine Grenzen zu öffnen oder wenigstens die Einwanderungspolitik transparent zu gestalten?

Weil über Migration offenbar nicht rational entschieden wird. Selbst mit einer strikt ökonomischen Argumentation würde man feststellen müssen, dass es angesichts des demographischen Wandels in Europa die Einwanderung eine Notwendigkeit darstellt – etwa zur Aufrechterhaltung der Rentensysteme. Solch ein wirtschaftliches Kalkül wird aber in den Nationalstaaten Europas oftmals nicht angewandt. Stattdessen betrachten wir Einwanderer als eine Gruppe, die unsere Privilegien in Gefahr bringt. Es gibt eine eklatante Kluft zwischen dem tatsächlich vorhandenen Veränderungsdruck in Europa und dem Desinteresse der Politik, diese Probleme langfristig zu lösen. Das kurzfristige Agieren führt zu einem ewigen Gefrickel, das ganz in der Gegenwart aufgeht und ohne jede Vision auskommt.

Wohin wird das führen?

Es gibt in Deutschland eine Reihe von Kommunen, die Probleme haben, ihren Status aufrecht zu erhalten. Das betrifft nicht nur Ostdeutschland. Wenn Kommunen unter eine bestimmte Einwohnerzahl sinken, erhalten sie deutlich weniger staatliche Zuschüsse. Und genau dort beginnt ein Umdenken: Plötzlich stellt Migration keine Bedrohung mehr dar, sondern einen Zukunftsfaktor. Man bemüht sich aktiv um Zuzug und später wird man die Zugezogenen dann dazu bewegen müssen, auch bleiben zu wollen. Im Moment stellen viele in Europa sich die Welt so vor, dass jeder unbedingt hierher möchte und man diesen Druck abwehren muss. Aber das ist schon heute nicht mehr der Fall. Schon bald wird es eine Überlebensfrage sein, wie viele Menschen wir dazu bewegen können, zu uns zu kommen. Selbst unter dem rein neoliberalen Aspekt der „Standortkonkurrenz" wäre es immens wichtig, Leute an bestimmte Orte in Europa zu binden, anstatt selbst den so genannten Eliten unter den Einwanderern ständig das Gefühl zu vermitteln, dass sie nur geduldet sind.

WERBUNG GEGEN AUSWANDERN

Neue Wege der Bekämpfung illegaler Einwanderung gehen die spanischen Behörden seit Ende 2007. Im senegalesischen Fernsehen ließen sie Werbefilme ausstrahlen. In einem der Spots sagt eine Mutter, dass sie von ihrem Sohn seit Monaten nichts gehört habe. Dann der Schnitt: Tote Migranten, die das Meer an die Küste der Kanaren geschwemmt hat. Aus dem Off dazu der berühmte senegalesische Musiker Youssou N'Dour : „Du weißt, wie die Geschichte endet. Tausende junge Leute sind gestorben. Setz dein Leben nicht aufs Spiel. Du bist die Zukunft Afrikas."

ERNEUTER ANSTURM AUF EUROPÄISCHE EXKLAVE

Melilla, 23.06.2008: Afrikanische Flüchtlinge dringen in die spanische Exklave Melilla ein. Sie versuchten diesmal nicht, die Zäune zu überwinden, sondern stürmten direkt auf den Übergang zu und überrannten die marokkanischen und spanischen Grenzposten.

Was würde ein solches Umdenken für die Gemeinden und Staaten bedeuten?

Vor allem müsste das Selbstbild neu definiert werden. Man muss eine neue Idee davon entwickeln, worauf eine Gemeinschaft basiert und wie die Solidaritätsbeziehungen funktionieren. Das ist eine anspruchsvolle Aufgabe. Unter den Bedingungen der Migrationsgesellschaft ist die alte Auffassung des Nationalstaates als einer Gemeinschaft mit einem geteilten Schicksal in der Vergangenheit überholt. Es geht vielmehr um die geteilte Zukunft. Das finde ich einen sehr interessanten Gedanken: Eine Gruppe, die sich nicht mehr über eine gemeinsame Vergangenheit, sondern über eine gemeinsame Zukunft definiert. Damit wäre es gleichgültig, wie divers diese Gemeinschaft ist, woher ihre Mitglieder kommen und sogar, wie lange sich Menschen in ihr aufhalten – wenn wir nach der Zukunft fragen, dann gehören alle dazu, die in diesem Moment anwesend sind und eben auf unterschiedliche Weise zur Zukunft beitragen.

Statt einer Schicksalsgemeinschaft wären wir eine Chancengemeinschaft. Wie würde eine Politik aussehen müssen, die diese Idee unterstützt?

Allen Menschen müsste eine Teilhabe an der Gestaltung dieser Gemeinschaft ermöglicht werden – sogar wenn sie nur temporär da sind. Derzeit trennt die Politik die Menschen in Sesshafte und Flüchtige, wobei den Sesshaften mehr Rechte verliehen werden. Es gibt aber überall eine zunehmend mobile Bevölkerung und das betrifft nicht nur Migranten. Ich denke, dass auch dem Pendler, der nur ein halbes Jahr da ist, ein niedrigschwelliges Angebot gemacht werden sollte – zumindest für eine lokale Partizipation. Denn er ist zeitweise Teil der Gemeinschaft.

MANUEL HERZ

*1969, Architekt und Städtebauer. Seit 2005 ist er Leiter von Forschung und Lehre am „Studio Basel" der ETH Zürich, er lehrt außerdem an der Harvard Universität. Forscht zu den Themen der Diaspora und zur strategischen Planung von Flüchtlingscamps.

AUF DER FLUCHT

Laut Welthungerhilfe sind derzeit 35 – 40 Millionen Menschen auf der Flucht. Setzt sich der Klimawandel in dem derzeit befürchteten Ausmaß fort, könnten Dürren, Überschwemmungen und der steigende Meeresspiegel und die dadurch entstehenden kriegerischen Auseinandersetzungen diese Zahl bis 2040 auf 200 Millionen steigen lassen.

IM LAGER I

Mayukwayukwa ist ein Flüchtlingslager des UNHCR in Afrika. Der Bürgerkrieg in Angola begann 1975 und kostete ungefähr eine halbe Million Menschen das Leben, etwa eben so viele flohen ins benachbarte Sambia. Eines der offiziellen Flüchtlingslager war 1996 Mayukwayukwa. Das Lager war von Anfang an als Agrarsiedlung angelegt, jeder Bewohner hat 2,5 Hektar Land für die Selbstversorgung zur Verfügung. Ende 2006 waren noch immer etwa 10.500 Menschen in Mayukwayukwa untergebracht, davon sind 54% unter 18 und etwa 20% im Lager geboren worden.

„Flüchtlingslager sind temporäre Städte."
Im Gespräch mit MANUEL HERZ

Als Architekt und Stadtplaner beschäftigen Sie sich mit den Strukturen von Flüchtlingslagern und Slums in Afrika und den Möglichkeiten, hier Verbesserungen durchsetzen zu können.

Ganz grundsätzlich ist mir eine deutliche Differenzierung zwischen Slum und Flüchtlingslager wichtig. Bei den Slums geht es darum, eine permanente, schlechte Lebenssituation schrittweise zu verbessern, unter Beteiligung der Bewohner und im Wechselverhältnisse mit der umgebenden Stadtstruktur. Bei Flüchtlingslagern geht es dagegen um eine zeitlich begrenzte Situation, in der Menschen vor einem Konflikt geschützt werden müssen. Hier können Architekten und Planer einen sehr wichtigen Beitrag leisten, wenn sie Zufluchtsorte für 60.000 Menschen sehr schnell realisieren können. Gleichzeitig dürfen wir aber die lokalen und regionalen Auswirkungen nicht aus den Augen verlieren. Der Bau von Flüchtlingslagern kann Regionen sehr stark verändern. Sie dienen – über den bloßen Schutz der Flüchtlinge hinaus – mehreren Interessen. So kann z.B. auch die reguläre Bevölkerung der Region die Einrichtungen des Lagers in Anspruch nehmen, seien das Brunnen, Krankenhäuser oder Lazarett-Stationen. Man muss sich vorstellen, dass z.B. im Tschad das nächste Krankenhaus nicht selten 100 Kilometer entfernt liegt. Die lokalen Politiker profitieren ebenfalls von diesen Verbesserungen, sowie von den Geldern, die in die Region fließen. Und der Betrieb des Krankenhauses z.B. muss auch nicht von der örtlichen Politik organisiert und finanziert werden, sondern wird von einer NGO übernommen. Die NGO wiederum profitiert vom Flüchtlingslager, denn selbiges ist ihre Existenzbegründung und sie kann weiter Spendengelder sammeln. Und letztlich profitiert selbstverständlich auch die westliche Welt von dem Flüchtlingslager, denn die Flüchtlinge werden vor ort versorgt und fliehen nicht weiter Richtung Westen.

Was kann Architektur in diesem Bereich leisten?

Schwer zu sagen. In den Slums haben wir es – wenn Architekten hier überhaupt tätig werden – meist mit Projekten zu tun, die eine

IM LAGER II

Coopers Camp in Indien ist seit 1947 Flüchtlingslager. Die Unruhen zwischen Hindus und Moslems in Indien und Pakistan
brachen bereits vor der Teilung von British India aus – etwa 10
Millionen Menschen wurden Flüchtlinge. In Coopers Camp im
indischen Westbengalen wurden Hindus aus dem neuen Pakistan untergebracht – 60 Jahre später leben noch immer 7.000
dort. Die meisten der Flüchtlinge besitzen keine Staatsbürger-
schaft und leben von der staatlichen Versorgung im Lager,
obwohl der Zaun um das Lager abgebaut wurde – das Camp hat
einen eigenen Markt und zwei Schulen. Der unsichere rechtliche
Status und das Trauma der Vertreibung haben sich auf die dritte
und vierte Generation übertragen, die größtenteils in Camp
Cooper bleiben.

KRISENARCHITEKTUR

Architektur will Menschen in der Krise helfen. Der japanische
Architekt Shigeru Ban nahm nach dem Völkermord in Ruanda
1994 mit dem UNHCR Kontakt auf, um eine Alternative zu den
Flüchtlingszelten der UN vorzuschlagen – die Flüchtlinge hatten
begonnen, die Aluminiumstangen der Zelte zu verkaufen und
statt dessen die Bäume der Umgebung zu fällen. Bans Vorschlag
war eine Konstruktion aus Pappröhren, die mit Verbindungs-
stücken aus Plastik ineinander geschoben werden, darüber wird
eine Plastikfolie gezogen. Die Elemente können miteinander
kombiniert werden, um größere Zelte zu bauen. Die Konstruktion wurde sowohl in Ruanda, als auch nach den Erdbeben in
Kobe und in der Türkei vom UNHCR benutzt.

UNITED BOTTLE

Für die Wasserversorgung in Krisen- und Katastrophengebie-
ten verwenden Hilfsorganisationen häufig Plastikflaschen, eine
Nachverwendung für die Plastikflaschen in den Krisengebieten
gibt es nicht. Sie müssen zurück transportiert oder vor Ort recycelt werden. „United Bottle", ein Projekt des Züricher Architekturbüro INSTANT, eröffnet durch ein neues Design der Stan-
dardflasche neue Perspektiven. Die Flaschen, ergänzt um ein

dauerhafte Verbesserung der Lebensverhältnisse erreichen möchten, während das Ziel beim Bau von Flüchtlingslagern eben immer nur die Anlage eine funktionierenden, aber auch klar zeitlich begrenzten Stadtanlage ist. Beide Strategien zeigen den grundlegenden Wunsch der Architektur, zu helfen und etwas zu verbessern. Aber hier zeigt sich auch – vielleicht deutlicher als in anderen Handlungsfeldern von Architekten – wie groß der Unterschied zwischen Anspruch und Wirklichkeit sein kann, denn gerade bei den Projekten in den Slums entstehen häufig ganz andere Konsequenzen, die manchmal sogar Verschlechterungen der Lebensverhältnisse nach sich ziehen. Und ich bin überzeugt, dass es für Architekten ganz wichtig ist, zu begreifen, dass jedes Handeln in diesem Bereich auch negative Folgen haben kann. Die Einstellung, hier kann man ja nichts verschlechtern, weil die Bedingungen schon so schlecht sind, bringt die größten Katastrophen hervor.

Sie hatten einmal die Einführung eines „hippokratischen Eids" für Architekten vorgeschlagen. Können Sie uns das näher erläutern?

Ich habe von dem hippokratischen Eid gesprochen, um damit ein Nachdenken über die Grundlagen der Architektur zu provozieren. Es geht mir nicht darum, Architekten zum Berufsstart wirklich einen solchen Eid ablegen zu lassen. Aber wir müssen uns fragen: Wozu machen wir Architektur? Fast alle Architektur ist von dem Gedanken des Verbesserns durchzogen: Du willst wärmere, schönere Räume bauen, angenehmere Lebensverhältnisse schaffen oder die hygienische Situation verbessern. Besser als das Vorhandene, denn nur dann hat das Neue eine Existenzberechtigung. Diese Idee der Verbesserung ist so sehr in die Fundamente der Architektur eingeschrieben, dass Architekten das nicht mehr in Frage stellen. Es wäre aber ab und zu besser, ganz grundsätzlich zu fragen: Was verbessere ich dadurch? Mit welchen Mitteln? Wir erkennen dann, dass die Idee des „Verbesserns" widersprüchlich ist und unter ihrem Banner Situationen häufig sogar schlechter werden.

Was müssen wir also anders machen?

Zunächst müssen wir aufhören, Flüchtlingslager als technische, zeitlich begrenzte Anlage und als logistische Aufgabe zu betrach-

Nut- und Federprinzip, können ineinander gesteckt und für den Bau von Mauern und Häusern verwendet werden – als Dach wird eine Plastikfolie über die Konstruktion gezogen. Mit Erde gefüllt werden sie so zu einem Baumaterial für Notunterkünfte und andere Behelfsbauten.

KRISENARCHITEKTUR ALS WERBETRÄGER

Flüchtlingshilfe mit Werbung finanzieren. Soziales Engagement ist für Firmen immer dann interessant, wenn es sich medienwirksam inszenieren lässt. Der japanische Architekt Takuya Onishi schlägt in seinem Projekt „FedEx Pak is Playground" eine schlichte Materialmodifikation vor: Würde man wasserdichtes Material als Verpackung für Spendenpakete benutzen, könnte die Verpackung vor Ort helfen, Unterkünfte zu errichten. Die Verpackungen würden auf eine vor Ort produzierte Konstruktion gespannt. Der Clou dabei: Durch das Nutzen der mit Werbung des Unternehmens bedruckten Verpackung entstehen Unterkünfte, die das Firmenlogo tragen. Onishi hofft dadurch auf ein Sponsoring durch die beteiligten Unternehmen.

ten. Es geht nicht nur um die Logistik: Wieviel Quadratmeter Raum braucht der durchschnittliche Einwohner, wie lösen wir die Versorgung mit Wasser und Lebensmitteln technisch. Wir müssen realisieren, dass es sich um ein Ort handelt, an dem mehrere 10.000 Menschen für eine Zeit lang leben werden. Also sollten wir das normale Vokabular des Städtebaus benutzen. So wie wir auch bei anderen Städten analysieren, was vorhanden ist und überlegen was noch fehlt, sollten wir auch über Flüchtlingslager nachdenken. Sonst werden wir sie immer nur als Notlösung betrachten. Ich sage nicht, dass Flüchtlingslager Städte sind – keineswegs sind sie das. Aber sie haben das Recht, selbst wenn sie nur zwei Jahre existieren, als temporäre Stadt gesehen zu werden, als Ort, an dem Menschen leben – und nicht als technische Lösung.

Es gibt immer wieder Ansätze von Architekten und Designern, sich um so genannten „Krisenarchitektur" verdient zu machen, mit architektonischen Mitteln die schnelle Krisenhilfe bei Naturkatastrophen oder nach Kriegen zu verbessern. Ist das ein Arbeitsfeld in dem Architekten und Designer tätig sein sollten?

Es gibt viele experimentelle Studien, und da sind sicherlich viele schöne Ideen dabei. Und das Bewusstsein für die Existenz dieser Probleme ist an sich lobenswert. In der Praxis hat sich deren Umsetzung als extrem schwierig erwiesen. Das UNHCR hat 15 Jahre lang an der Verbesserung eines Zeltknotens gearbeitet, bei dem neuen Knoten werden die Stangen jetzt einfach ineinander gesteckt. Nach 15 Jahren wurde das endlich als Standardprodukt eingeführt. Die echten Probleme liegen selten im Bereich der Konstruktion, sondern in Logistik und Finanzierung. Auch das sollten Architekten begreifen: Die Möglichkeiten von Architektur und Design sind begrenzt und meist bedarf es einer Kombination aus architektonischem und juristischem, wirtschaftlichem oder politischem Handeln, damit eine Veränderung möglich wird. Es bringt nichts, irgendwo in einem Slum einzelne Häuser zu verbessern oder neu zu bauen. Es bringt nur dann etwas, wenn gleichzeitig Fragen des Eigentums oder der Grundversorgung geklärt werden oder soziale Missstände beseitigt werden. Ich kann als Architekt eine tolle neue Siedlung für 15.000 Menschen errichten,

KLEINE SCHRITTE
„Ich glaube, die Strategie der kleinen Schritte ist sehr begrenzt."

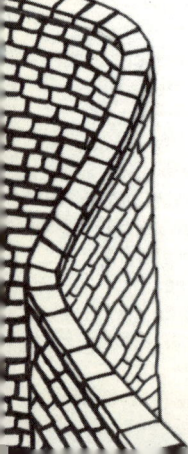

IM LAGER

die dann aus dem Slum umgesiedelt werden. Aber wie bezahlen die ihr neues Zuhause? Und für jede umgesiedelte Familie ziehen drei Familien neu in das Slum. Da ist Architektur schlicht machtlos und im schlimmsten Fall erzeugt sie eine Verschlechterung. Das können wir nicht auf einer rein architektonischen oder städtebaulichen Ebene lösen.

Auch wenn es schon lange keinen großen technischen Durchbruch mehr gab, der sich in der Praxis durchgesetzt hat – ist es nicht dennoch richtig, an vielen unterschiedlichen Stellen zu experimentieren?

Da bin ich anderer Meinung. Ich glaube, die Strategie der kleinen Schritte ist sehr begrenzt. Vielleicht ist das sogar noch mit der Romantik der 1980er Jahre verbunden, als es eine grundlegende Skepsis vor großen Organisationen gab. Auf einmal gab es in Slums und Flüchtlingslagern kleine, lokale Organisationen und Projekte. Dann werden in einem Slum fünf Toiletten gebaut. Ich glaube, diese Projekte leiden immer an ihren viel zu geringen Dimensionen, denn wir müssen diese Resultate teilweise in sehr kurzer Zeit vertausendfachen können. Das können Selbsthilfeprojekte, Kleinstinitiativen und sogar die meisten NGOs organisatorisch meist nicht leisten.
Im schlimmsten Fall sind es dann PR-Projekte, die auch von der lokalen Politik präsentiert werden – so als würde alles Menschen mögliche unternommen, und in Wahrheit passiert viel zu wenig. Letztlich werden die Aufgaben in dieser Größenordnung immer von Staaten oder quasi-staatlichen Organisationen übernommen und durchgesetzt werden müssen. Das UNHCR hat die Kapazität, 50.000 Zelte irgendwo hinzuschicken und organisiert und strukturiert aufbauen zu lassen – das romantische Bild eines Selbsthilfeprojekts hilft uns hier wenig.

Wie werden sich diese Entwicklungen in einem Zeitraum von 100 Jahren fortsetzen?

Man könnte eine dystopische Vision erzählen: Hunderte Millionen sind Menschen auf Wanderung. Europa ist extrem überaltert, menschenleer und schützt sich durch militärisch bewachte Mauern vor

CHINESISCHE STÄDTE IN AFRIKA

Nicht nur westliche Architekten bauen Städte in China, auch chinesische Architekten bauen Städte im Ausland. Im Norden der angolanischen Hauptstadt Luanda wird derzeit New Luanda errichtet – eine Planstadt für vier Millionen Einwohner.

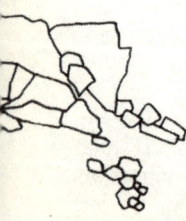

den heranstürmenden Schwarzen aus dem sub-saharischen Afrika.

Und etwas realistischer?

Ich denke, es könnte wirklich eine Völkerwanderung geben, ich würde sagen: Gott sei Dank. Nichts wird das kinderlose Europa nötiger haben. Fraglich wäre aber, ob Europa dann für die Schwarzafrikaner noch die attraktive Region sein wird, oder ob das nicht China sein wird. Die Rolle von China in Afrika ist momentan sehr interessant. Die Chinesen investieren z.B. im Sudan, in Simbabwe und in anderen vom Westen geächteten Staaten. Sie bringen viel Geld und gleichzeitig chinesische Bauarbeiter in diese Länder, sie bauen Autobahnen und Fabrikanlagen. China baut damit natürlich ihre wirtschaftlichen Beziehungen aus, und wenn China zu einer der größten ökonomischen Kräfte der Welt wird – oder schon ist? –, dann werden die Migrationsströme vielleicht irgendwann Richtung China umschwenken. Vielleicht hat der chinesische Staat sogar vor Augen, dass sie das Ziel afrikanischer Emigration sein könnten. Vielleicht investieren sie auch deswegen so viel in Afrika.

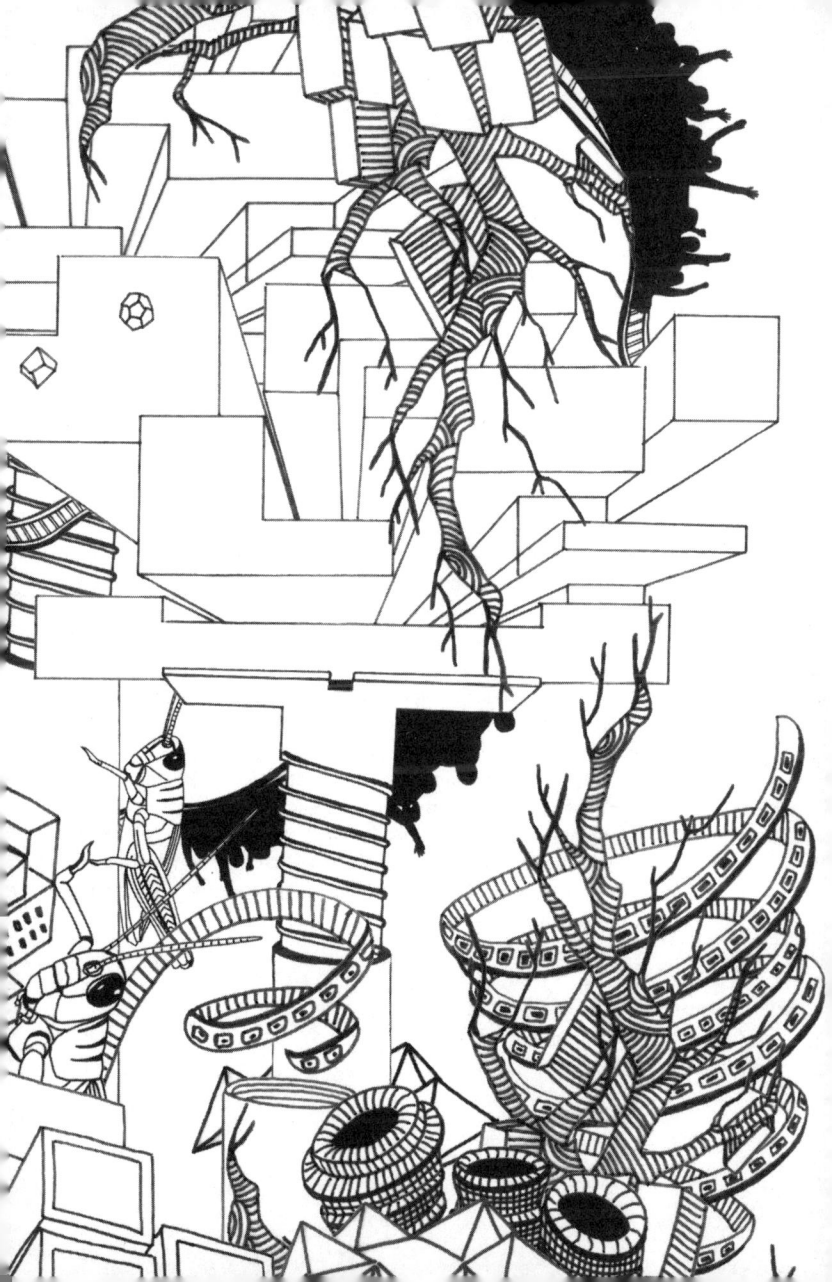

CHRISTOPH INGENHOVEN
*1960, Architekt und Stadtplaner. Er leitet seit 1985 sein eigenes Büro, Ingenhoven Architekten. Das Büro ist spezialisiert auf energieeffiziente, umweltfreundliche Architektur.

HYDRO-NET FÜR SAN FRANCISCO 2108
Architektenvision für ein grünes San Francisco als Stadt des 22. Jahrhunderts. Das Konzept „Hydro-Net", des Architekturbüros Iwamoto Scott, ist auf die klimatischen und geologischen Bedingungen von San Francisco angepasst und zeigt eine Kombination der neuesten Umwelttechnologien: Auf den Hügeln entstehen „Energiepilze", die die Stadt mit geothermischer Energie versorgen, hier werden auch „Nebelfänger" aufgestellt – Netze, die das Wasser aus San Franciscos berühmtem Nebel nutzbar machen. „Öko-Türme" werden als Wohngebäude in die Bucht gebaut – dort werden Algen angebaut, die Wasserstoff produzieren. Die Mobilität beruht u.a. auf einem öffentlichen, unterirdischen Verkehrsnetz für wasserstoffbetriebene Luftkissenautos. Die Wände dieses Netzwerks bestehen aus Kohlenstoff-Nanoröhrchen, die den Wasserstoff besonders gut speichern und direkt an die Autos weitergeben können.

IN DER STADT

„Wir brauchen ein völlig neues Energie- und Ressourcenverhalten."
Im Gespräch mit CHRISTOPH INGENHOVEN

Ist die europäische Stadt ein Zukunftsmodell? Und wie können wir uns eine Stadt wie Hamburg in 100 Jahren vorstellen?

Ich glaube, dass Europa eine große Renaissance haben wird. Man wird noch stärker entdecken, welche Vorteile und Stärken europäische Städte im Vergleich zu anderen Orten haben. Etwa bei der Urbanität. Es geht dabei ja nicht alleine um die städtebauliche Dichte, sondern vor allem um die Dichte an Erlebnis, an Traditionen, Geschichte, Kultur und an internationaler Offenheit, an internationaler Vernetzung. Das werden die Menschen sehr attraktiv finden. Es wird wieder eine Bewegung in die Stadt hinein geben – das können wir heute bereits beobachten und das wird sich noch weiter verstärken. Einer der wichtigsten Gründe dafür ist der finanzielle, denn Energie wird viel teurer sein. Individualverkehr wird schwer zu bezahlen sein, die Menschen werden nah an ihrem Arbeitsort wohnen wollen oder müssen. Und das bedeutet Dichte. Wir werden höher und dichter bauen. Der ökologische und soziale Wert des Quadratmeters Stadt wird noch wertvoller als heute sein.

Die europäische Stadt kann also so bleiben wie sie ist, nur noch dichter?

Nein, natürlich nicht. Denn wir leben heute nicht nur energiepolitisch auf Kosten der nachfolgenden Generationen, sondern auch städtebaulich. Die europäische Stadt ist heute in einem Zustand, der so nachhaltig schön und so nachhaltig interessant ist, dass er ja teilweise wieder gewonnen wird – wie z.B. in Berlin in den letzten 10 bis 15 Jahren. Und man muss bewundernd anerkennen, welche ungeheure Anstrengungen vorgehende Generationen unternommen haben und wie diese über viele Generationen hinweg vorausgeschaut haben: Große Parks wurden angelegt und große, grüne Boulevards, die Lungen unserer heutigen Städte. Das waren

WÜSTENSTADT

Mitten in der Wüste soll eine ökologische Musterstadt entstehen. Im April 2006 haben die Vereinigten Arabischen Emirate die „mutige und historische Entscheidung getroffen", 22 Milliarden Dollar für die Entwicklung und den Bau einer CO_2-neutralen Wissenschaftsstadt nach einem Masterplan des Architekturbüros Foster and Partners bereit zu stellen. Mit der Realisierung wurde im Februar 2008 begonnen, die ersten von bis zu 50.000 Einwohnern werden ab 2016 einziehen können. Die enge, schattenspendende Struktur ähnelt traditionellen arabischen Städten. Das Mobilitätskonzept setzt ganz auf Fußgänger und öffentlichen Nahverkehr. Masdar-City versorgt sich mit eigener Energie, seine Wasserversorgung aus solarbetriebenen Entsalzungsanlagen sichern und durch ein Recyclingsystem fast keinen Müll produzieren – die erste „triple-zero"-Stadt der Welt. Das Projekt soll Abu Dhabi und die Vereinigten Arabischen Emirate zum Forschungszentrum für neue Energie-Technologien machen. An der Konzeption und Durchführung sind verschiedene Konzerne beteiligt, u.a. General Electric, BP, Shell, Mitsubishi, Rolls Royce und Fiat.

städtebauliche Entscheidungen von sehr weitsichtigen Menschen. Die Frage ist nun: Was hat unsere Generation in dieser Beziehung zu bieten? Wir konsumieren heute die Stadt, die im 19. Jahrhundert gebaut wurde.

Ein Punkt, der dringend weiterentwickelt werden muss, ist unsere Verkehrsinfrastruktur. Ich kann mir nicht vorstellen, dass wir in 20 Jahren noch irgendwelche Dieselbusse durch die Strassen rattern lassen. Wichtig ist, dass es dann neue öffentliche Verkehrsmittel gibt, die von allen gesellschaftlichen Schichten als ganz selbstverständlich und attraktiv akzeptiert werden.

Sind die neuen Städte, die derzeit gebaut werden – wie etwa die von Norman Foster geplante Stadt Masdar – in dieser Hinsicht bereits Vorbilder?

Diese Städte könnten natürlich Modellcharakter haben. Sie könnten ein Experimentierlabor sein, und die dort gewonnenen Erkenntnisse transportieren wir dann wieder zurück in europäische, asiatische oder amerikanische Städte. Aber insgesamt könnten Städte wie Masdar auch das gut gemeinte Ergebnis einer langen Kette von Fehlentscheidungen sein. Denn es könnte auf der Welt Orte geben, die von ihren klimatischen Bedingungen her besser geeignet sind, eine Million Menschen in neuen Städten unterzubringen als ausgerechnet in der Wüste Abu-Dhabis.

Aber ich möchte nicht missverstanden werden: Es ist eine großartige Sache, dass ein Teil der durch hohe Erdölpreise verdienten Reichtümer in den Golfstaaten mittlerweile nicht mehr in voll klimatisierte Kopien westlicher Hochhäuser investiert wird, sondern viel Geld und Know-how aufgewandt wird, um die eigene Energiebilanz und damit langfristig auch nachhaltige Stadtentwicklung in anderen Teilen der Welt zu verbessern.

Sie würden sich im Städtebau also eher für eine Strategie der schrittweisen Verbesserung des Bestehenden aussprechen, ein Update statt eines Neustarts, mit dem man sofort einen Sprung auf ein anderes Niveau erreichen könnte?

Das Thema des Updates hat zwei Komponenten. Das eine ist ein permanentes Updating, wenn wir z.B. versuchen ein Auto zu ent-

SPARSAM ABER SEXY

Nicht nur Amerikaner, auch Deutsche lieben ihre Autos. Und am liebsten: Ökologische Autos. BMW erfindet „Efficiency Dynamics" und baut einen 7er mit Wasserstoffmotor - allerdings nur für Promotionsauftritte. VW entwickelt 3-liter-Motoren, macht die Autos aber so hässlich, dass sie keiner kaufen will. Der „Loremo" ist anders. Ein kleines, unabhängiges Entwicklerteam hat unter Verwendung von Technologien der Formel 1 dieses Auto mit extrem niedrigem Gewicht und geringem Luftwiderstand gebaut, das so sparsam wie sexy ist. Das Auto soll ab 2010 in Serie gehen.

Den Individualverkehr umweltfreundlicher zu machen ändert nichts daran, dass er eine energieverschwendende Art der Fortbewegung bleibt – wenn man alleine im Auto sitzt. An diesem Punkt setzt das Projekt „Carriva" an, ein mobilfunkbasiertes Mitfahrsystem. Eine SMS mit Zielangabe abschicken und schon vermittelt das zentrale System mit Hilfe von GPS-Koordinaten einen Autofahrer mit gleichem Ziel, der einen wenige Minuten später einsammelt. Auto updaten bedeutet, nicht nur die Technik, sondern auch die Nutzung zu verbessern.

ZERTIFIZIERUNG

Die Deutsche Gesellschaft für nachhaltiges Bauen (DGNB) wurde 2008 als multidisziplinäre Organisation gegründet, die sich der Förderung von nachhaltigen Bautechniken, -materialien und -technologien widmet und besonderen Wert auf Qualität legt. Sie sieht ihre Aufgabe als „Motor für die Nachhaltigkeit" in Deutschland sowie als zentrale Organisation für die Vermittlung von ökologischem Wissen, zur Weiterbildung und Sensibilisierung der Bauindustrie. Die DGNB hat ein neues Zertifizierungssystem entwickelt, das Projekte qualifizieren soll, die in Übereinstimmung mit den anerkannten Nachhaltigkeitskriterien geplant und gebaut wurden.

wickeln, dass etwas weniger Sprit verbraucht. Aber das ist nur ein Handlungsstrang. Der andere Handlungsstrang wäre entschlossener und würde vielleicht eher dem entsprechen, was sie mit dem Neustart meinen. Wir müssten energiepolitisch eine ganz neue Agenda bilden und eben nicht ein bisschen Photovoltaik aufs Dach packen oder in der Eifel noch drei Windräder mehr bauen. Das müsste viel radikaler sein! Die große Hoffnung wäre doch, dass es keine Abhängigkeit vom Erdöl mehr gibt, und zwar schon früher als in 100 Jahren. Wir brauchen ein völlig neues Energie- und Ressourcenverhalten. Häuser müssten einen Energieüberschuss produzieren. Wir brauchen eine Balance zwischen Verbrauch und Generierung von Energie.

Was muss Architektur dabei leisten?

Wir werden uns noch wundern, wie weit wir uns von unseren stilistischen Fragen wegbewegen werden. Es gibt viele Kollegen, die sich mit Baustil beschäftigen, mit formaler Arbeit. Aber die erste Pflicht des Architekten ist es, dafür zu sorgen, dass Menschen auf dieser Erde leben können. Wenn wir über den eigenen Tellerrand – oder das eigene Haus mit Dach und Wetterschutz – hinaus gucken, dann ist es eine unserer wichtigsten beruflichen Verpflichtungen und eine Grundlage der Architektur, uns um eine nachhaltige Energieversorgung und um nachhaltiges Bauen zu kümmern. Wir müssten eigentlich eine Art hippokratischen Eid für nachhaltiges Bauen leisten.

Der Begriff der Nachhaltigkeit ist sehr vage. Könnte die zunehmende Popularität des ökologischen Bauens auch zu einem Missbrauch des Begriffs führen?

Die Gefahr des Missbrauchs besteht schon, denn wenn Firmen und Länder jetzt in Nachhaltigkeit investieren, dann tun sie es natürlich auch aus Marketinggründen. Aber das bedeutet noch etwas anderes: Marketing kann nur dann funktionieren, wenn es beim Verbraucher gut ankommt. Wenn also die Tatsache, dass jemand ein ökologisches Haus oder eine ökologische Stadt gebaut hat, beim Kunden und beim Bewohner ankommt, dann sind ökologisches Bewusstsein und ein Bewusstsein für gute und durchdach-

WERNER SOBEK

*1953, Bauingenieur und Architekt. Professor an der Universität Stuttgart und Leiter des Instituts für Leichtbau Entwerfen und Konstruieren (ILEK). Er arbeitete von 1987 – 1991 beim Ingenieurbüro Schlaich Bergermann und Partner, bevor er 1992 sein eigenes Büro Werner Sobek Ingenieure gründete. Er ist Präsident der Deutschen Gesellschaft für nachhaltiges Bauen.

EIERMANN-RECYCLING

Karo-Architekten baut eine offene Bibliothek in Magdeburg. Für die Fassade verwenden sie die Elemente eines abgerissenen Horten-Kaufhauses in Hamm (Westfalen), an deren Entwicklung Egon Eiermann beteiligt war. Die Fassade einer architektonischen Ikone der westdeutschen Wirtschaftswunderzeit wird in einem sozial nachhaltigen Projekt im schrumpfenden Osten Deutschlands wiederbelebt. Keine Angst vor Recycling: Gute Architektur und gutes Design können sich verändernden Bedingungen anpassen.

te Architektur bei den Kunden angekommen. Und dann ist die Kundenmeinung eine Macht, mit der sich Druck ausüben lässt. Vielleicht wollen die großen Projektentwickler dann bald nur noch Projekte realisieren, die nach dem Zertifizierungssystem als „sehr gut" bewertet werden. Diese Aussicht macht mich optimistisch.

„Wir sollten bei allen Gebäuden von einer befristeten Lebensdauer ausgehen."
Im Gespräch mit WERNER SOBEK

Grundlegender Bestandteil der Berufsauffassung von Architekten ist es, die Zukunft planen zu können. Gebäude sind nicht nur räumliche Lösungen für heute, sondern sollen auch in Zukunft funktionieren. Derzeit verkürzt sich aber die durchschnittliche Lebensdauer von Gebäuden drastisch – was bedeutet das für den Planer, der ökologisch verantwortungsvoll planen möchte?

Ich verwende da den Begriff des ephemeren Bauens: Ein Bauen für überschaubare Zeiträume. Architekten und Ingenieure sollten schon beim Entwurf ihrer Gebäude eine begrenzte Lebenszeit voraussetzen – ohne diese Lebensdauer zwingend a priori festzulegen. Ephemeres Bauen heißt, Gebäude zu bauen, die schon morgen wieder mit Anstand von dieser Erde verschwinden können – aber ebenso in 1.000 Jahren noch stehen.
Das ephemere Bauen fordert neue Techniken beim Planen und Bauen: Die Gebäude müssen möglichst einfach umzunutzen, erweiterbar, adaptierbar und letztlich vollständig rezyklierbar sein. Dabei werden an die verschiedenen Gebäudeteile unterschiedliche Ansprüche gestellt. Beim Rohbau, der tragenden Konstruktion, können wir von einer Lebensdauer von 50 bis 100 Jahren ausgehen. Bei der Fassade sieht das ganz anders aus, denn hier schreitet der technologische Fortschritt viel schneller voran. Wenn wir heute ein Gebäude planen, kann man davon ausgehen, dass es bereits in zehn Jahren verbesserte Fassadentechnologien geben wird. Und Elemente des technischen Ausbaus, Lüftung, Kühlung, Heizung, haben nochmals kürzere Innovationszyklen. Darauf sollte die Gebäudesystematik so antworten, dass wir jedes Teil jederzeit und so unkompliziert wie möglich austauschen können.

UNTERDRUCK STATT ABFALL

Der Abriss eines Gebäudes nach Ablauf seines ersten Nutzungs-
zyklus ist meist eine aufwändige Angelegenheit – sowohl finanziell, wie in Bezug auf Energieverbrauch und Abfallentsorgung.
„Vacuumatics", ein Konzept des Instituts für Leichtbau Entwerfen und Konstruieren (ILEK) in Stuttgart, ist ein System aus ge-
schichteten Fassaden- und Tragwerkselementen, die durch ne-
gativen Druck oder Vakuum zusammengehalten werden. Die
Bauteile lassen sich zum Recycling leicht zerlegen und kommen
ohne synthetische Klebstoffe aus.

SCHÖNHEIT

„Ökologisches Bauen muss atemberaubend schön sein und
gleichzeitig einen hohen technischen Standard integrieren
können."

LUFTREINIGUNG DURCH FASSADENDEKOR

„Prosolve 370" ist ein von „elegant embellishments" entwickeltes,
dreidimensionales Modulsystem für Fassadenverkleidungen,
das von Verbrennungsmotoren erzeugte Schadstoffe aus der
Luft filtern kann. Die Oberfläche der einzelnen Elemente ist mit
Titandioxid beschichtet, das unter Sonneneinstrahlung als Ka-
talysator für die Umwandlung von giftigen Stickoxiden in unge-
fährliches, wasserlösliches Nitrat und von sog. Volatile Organic
Compounds (flüchtige organische Verbindungen) in Kohlendioxid und Wasser fungiert. Die so aus der Luft gefilterten Schadstoffe werden zu unschädlichen Stoffen, der nächste Regen
wäscht sie von der Fassade. Die markante, ornamentale Form
dient als starkes, wieder erkennbares Symbol.

Woran scheitert die Umsetzung dieser Ziele?

Die genannten Ideen sind zwar einfach formuliert, mit der bau-
technischen Umsetzung stößt man aber sehr schnell auf große
Schwierigkeiten. Die einzelnen Bauteile zugänglich und austausch-
bar zu gestalten, ist im Bürohausbau heute schon in großem
Umfang möglich. Im Wohnungsbau ist dies wesentlich kompli-
zierter, da wir hier weder einen Doppel- oder Hohlraumboden,
noch die Möglichkeit abgehängter Decken haben. Die gesamte
Installationsführung erfolgt hier „unter Putz" – mit entsprechend
schwieriger Anpassbarkeit, vom Recycling ganz zu schweigen. Die
Außenwand eines typischen Einfamilienhauses besteht heute aus
etwa 10 bis 20 miteinander verbundener, verklebter Baustoffe.
Je besser diese Baustoffe zusammenhalten, desto besser ist dies
für alle Gewährleistungsaspekte. Für die Recyclingqualität dieser
Bauteile ist dies allerdings eine Katastrophe.
Dieses ökologische Bauen, von dem ich spreche, verlangt von den
Architekten und Ingenieuren eine neue Planungskompetenz, da
der Komplexitätsgrad unserer Gebäude signifikant steigt. Ökologisches Bauen muss atemberaubend schön sein und gleichzeitig
einen hohen technischen Standard integrieren können. Sonst wird
es nicht in der erforderlichen Breite durchsetzbar sein.

*Sie sprechen also von einer größtmöglichen Flexibilität der Ge-
bäude als wichtigstes Merkmal einer nachhaltigen Architektur?*

Auch. Ich spreche von Aktivhäusern und das bedeutet Adaptions-
fähigkeit, mögliche Veränderungen des Außen und Innen – im
Sinne eines permanenten, progressiven Prozesses. Das bedeutet
auch, dass man energetische Optimierungen nicht allein durch
Dämmen, sondern durch gezielte und phantasievolle Energiegewinnung realisiert. Reparaturfreundlichkeit, Austauschbarkeit, Re-
zyklierbarkeit, ein aktiver Gebäudebetrieb. Durch diese Bestandteile unserer Planungsphilosophie können Gebäude auch auf
schwierige klimatische Bedingungen viel besser reagieren.
Aber: Um dies alles umsetzen zu können, sind noch erhebliche
Forschungs- und Entwicklungsarbeiten zu leisten. Denn letztlich
hat es das Bauschaffen – wie viele andere Teile unserer Gesellschaft ja auch – versäumt, auf den Bericht des Club of Rome von

FORTSCHRITTSBREMSE
„Das grundlegende Problem ist die latente Technikfeindlichkeit im Bauwesen und das Festhalten an geradezu archaischen Prozessen."

BUSAN METABOLISM
Der amerikanische Architekt Jeffrey Inaba hält Nachhaltigkeit für eine Ausrede für unzureichende gestalterische Qualität. Stattdessen sollte sie Grundlage für ein umfassendes Umdenken im Städtebau und in der Architektur sein. Für seine Stadt der Zukunft wendet er das Mooresche Gesetz der sich steigernden Komplexität auf die Nachhaltigkeitstechnologien an: Danach würde der ökologische Umbau der Städte durch den rasanten Fortschritt der Technologien in immer schnelleren Zyklen stattfinden. Ganze Stadtteile werden abgerissen und durch ökologischere Alternativen ersetzt. Das koreanische Busan wird durch eine hohe Konzentration internationalen Kapitals die erste

1972 angemessen zu reagieren. Schon damals wurden fast alle heutigen Probleme mit einer überraschend hohen Genauigkeit angekündigt. Die Instrumente wurden über mehrere Dekaden hin einfach nicht entwickelt, obwohl die Probleme alle schon am Horizont zu sehen waren. Man hat sich lieber retrospektiv orientierten, formal-ästhetischen Diskussionen hingegeben, statt die Probleme der Zukunft anzugehen. Als ich beispielsweise 1991 das recyclinggerechte Entwerfen und Konstruieren in meine Vorlesungen über Leichtbau zu integrieren begann, schlug mir nichts als blankes Unverständnis entgegen.

Sie sprechen von sehr komplexen Gebäuden und einem hohen technischen Standard. Glauben Sie, dass eine weitere Technisierung die weltweiten Probleme lösen kann? Vergrößern wir diese Probleme nicht eher durch noch mehr Technologie?

Nein, das glaube ich nicht. Das grundlegende Problem ist die latente Technikfeindlichkeit im Bauwesen und das Festhalten an geradezu archaischen Prozessen. Was wir in der Architektur als High-Tech bezeichnen, ist im Bereich des Maschinenbaus schon seit Jahrzehnten Usus. Warum soll man in einem Einfamilienhaus keine Sensoren und keinen Computer integrieren, die das Heizsystem steuern und optimieren? Was heute in Werkzeugmaschinen, Autos oder Laptops lange schon selbstverständlich ist, wird morgen auch in unsere Häuser einziehen. Weil es Sinn macht, weil es hilft, die Gebäude energetisch zu optimieren. Architekten und Ingenieure werden diesen Vorgang nicht aufhalten. Sie sollten ihn aber in die richtige Richtung lenken. Ich bin der festen Überzeugung, dass ein optimal hoher Standard im ökologischen Bauen nur durch einen hohen technischen Standard der Gebäude möglich sein wird. Führen wir uns einmal die Dimension der Aufgaben vor Augen, die auf uns zukommen: In China liegt die durchschnittliche Wohnfläche pro Einwohner derzeit bei etwas weniger als sechs Quadratmeter – in Deutschland dagegen bei nicht ganz 40 Quadratmetern. Wenn man aber nun in China, und warum sollte man dies nicht, in 10 Jahren den gleichen Wohnstandard wie in Zentraleuropa haben will? Dann entstünden dort in den nächsten Jahren 50 Milliarden Quadratmeter neuer Wohnraum. Ein ganz normales Wohngebäude hat pro Quadratmeter ungefähr einen

Stadt, die diesen permanenten Austausch als städtisches Programm umsetzt. Der „Busan Metabolism" wird durch seine rentable Energiepolitik weltweit Vorbild für Städtebau – Städte sind nicht mehr „permanent", sondern in einem permanenten Wandel. Die Menschheit hat endlich eine städtische Umgebung, die auf jedwede Veränderung flexibel reagieren kann.

VERANTWORTUNG
„Wir sind auch als Architekten Bürger einer Res Publica und damit für unsere Umwelt und die Lebensbedingungen der zukünftigen Generationen verantwortlich."

KÖRPERWÄRME ALS HEIZUNG FÜR BÜROHOCHHÄUSER
250.000 Menschen passieren täglich den Hauptbahnhof von Stockholm, Schweden. Deren Körperwärme soll nun zur Beheizung eines nahe gelegenen Bürogebäudes genutzt werden: „Jeder Mensch produziert ständig Wärme. Es ist relativ aufwändig, diese Wärme wieder aus den Gebäuden hinaus zu befördern. Anstatt also alle Fenster zu öffnen und die Wärme einfach zu verschwenden werden wir sie im Hauptbahnhof künftig durch ein neues Ventilationssystem nutzbar machen," so Karl Sundholm von der staatlichen Entwicklungsgesellschaft Jernhuset. 2010 soll das 13-stöckige Gebäude fertig gestellt sein.

Materialaufwand von 1.200 kg Beton, Steinen, etc. Das ergibt also 60 Billionen kg Material, die allein in China und dort allein im Wohnungsbau, in den kommenden 10 Jahren benötigt werden. Wir arbeiten zur Zeit daran, durch Konstruktionen in Leichtbauweise den Materialaufwand pro Quadratmeter um 30 bis 50 Prozent zu verringern – das wären im Rechenbeispiel dann bis zu 20 Billionen kg Baumaterial. Rechnen sie sich das in CO_2 um, in die Energieersparnis bei der Herstellung und beim Transport der Baustoffe und in die Reduktion des Müllaufkommens durch eine bessere Recyclingfähigkeit.

Manche Architektenkollegen sagen, die Beschäftigung mit ökologischen Fragestellungen seien weniger eine architektonische als vielmehr eine gesellschaftliche Frage, die eben auch gesellschaftlich oder politisch beantwortet werden müsste.

Solche Aussagen verstehe ich nicht. Wir sind auch als Architekten Bürger einer Res Publica und damit für unsere Umwelt und die Lebensbedingungen der zukünftigen Generationen verantwortlich. Wir sind somit zum politischen Handeln, zur gesamtgesellschaftlichen Betrachtung und zum berufsständischen Handeln verpflichtet. Wir können nicht sagen, es handle sich hier um Probleme, die von der Politik zu lösen seien.

Viele unserer Kolleginnen und Kollegen – Ingenieure oder Architekten – sind gern bereit, einen Ganzheitlichkeitsanspruch an das Bauen selbst zu stellen: Architektur ist Technologie, Gestaltung, Funktion und Ästhetik, und letztlich auch eine Antwort auf Fragen und Bedürfnisse der Gesellschaft. Wir wissen heute, dass die Bauindustrie für etwa 35-40% des gesamten Energieverbrauchs und der Emissionen verantwortlich ist, plus etwa 50% der Massenabfälle. Also sind wir als Bauschaffende doch noch mehr in der Verantwortung, hier etwas zu ändern, als andere Bürger unseres Gemeinwesens.

PHILIPP OSWALT

*1964, ist Architekt und Publizist in Berlin. Er war unter anderem Redakteur bei Archplus und hat im Büro von Rem Koolhaas gearbeitet. 1998 Gründung eines eigenen Büros, seit 2002 leitender Kurator des Forschungs- und Ausstellungsprojektes „Schrumpfende Städte". Er ist Professor für Architekturtheorie und Entwerfen an der Universität Kassel.

HOCHGESCHWINDIGKEITSURBANISMUS

Die ostchinesische Metropole Shanghai ist zwischen 1982 und 2007 von 6 Millionen auf 9,5 Millionen Einwohner gewachsen, im Agglomerationsraum sind es 18 Millionen Einwohner, hinzu kommen noch etwa 3 Millionen Wanderarbeiter. Die Wachstumskurve ist seit mehreren Jahren konstant bei etwa 1% im Jahr.

Nigerias Hauptstadt Lagos ist mit 5% Wachstum eine der zehn am schnellsten wachsenden Metropolen der Welt. Zwischen 1982 und 2005 ist die Einwohnerzahl von 1,5 Millionen auf knapp 10 Millionen gestiegen. Bis 2015 wird die Einwohnerzahl voraussichtlich 16 Millionen betragen.

„Wir erreichen das Ende einer außergewöhnlichen Wachstumsperiode."
Im Gespräch mit PHILIPP OSWALT

Mehr als 50% der Weltbevölkerung leben bereits in städtischen Räumen und in naher Zukunft sollen es 75% sein. Ist das denn überhaupt vorstellbar?

Ja, das ist absolut vorstellbar. Diese Verstädterung ist kein neues Phänomen, sondern hat in der zweiten Hälfte des 19. Jahrhunderts in den alten Industriestaaten in vergleichbaren Dimensionen stattgefunden. Die Bevölkerung von Berlin etwa hat sich zwischen 1870 und 1910 versiebenfacht, heute würden wir von einer „chinesischen Wachstumsrate" sprechen. Natürlich sind die Urbanisierungsprozesse in Asien, Afrika und Südamerika in ihren absoluten Zahlen viel drastischer – in der prozentualen Menge ist es aber vergleichbar.

Wie weit wird das gehen?

Es ist insgesamt wichtig zu verstehen, dass wir sehr bald das Ende einer ganz außergewöhnlichen Wachstumsperiode erreichen, die mit der Industrialisierung im 19. Jahrhundert begonnen hat. Die Weltbevölkerung wird aller Voraussicht nach in den nächsten 100 Jahren auf neun Milliarden ansteigen, drei Viertel davon werden in urbanen Räumen leben doch dann ist es mit dem Wachstum vorbei. Die Wachstumsraten flauen bereits heute ab: Seit 1800 hat sich die Anzahl der Städter um das 150fache erhöht, bis 2100 wird es kaum mehr als eine Verdopplung geben.
Wir diskutieren zurzeit noch die enormen Fragen, die mit diesem wahnsinnigen Wachstum zusammenhängen – wir sollten aber gleichzeitig sehen, dass die Tragfähigkeit der Erde begrenzt ist. Es wird ja schon diskutiert, ob die Berechnungen überhaupt stimmen, dass die Erde neun Milliarden Menschen versorgen kann – vielleicht reichen die natürlichen Ressourcen dafür gar nicht.

Aber kann man die Industrialisierung und die Verstädterungsprozesse Europas so einfach auf andere Kontinente übertragen und daraus Schlüsse ziehen, wann der Prozess zu Ende sein wird?

NACHHALTIGKEIT
„Erstmal ist es nur ein Schmusebegriff."

Nein, das ist keineswegs identisch. Der Modernisierungs- und Urbanisierungsprozess in China oder in Nigeria ist ein anderer als bei uns. Dennoch gibt es gewisse Parallelen, wie zum Beispiel die Wachstumsraten oder die Gleichzeitigkeit von hohem Bevölkerungswachstum und Verstädterungsprozessen. Auch die mangelnde Versorgung der neuen Städter mit ausreichendem Wohnraum hat es in Europa damals gegeben – in Berlin etwa die Barackensiedlungen vor den Stadttoren und die völlige Überbelegung der Gebäude, wo in jedem Zimmer eine ganze Familie zuzüglich Schlafgänger lebten und auch die Kellerräume bewohnt waren.

Bei Städtebauern und Architekten stelle ich oft eine etwas naive Faszination für diesen „Hochgeschwindigkeitsurbanismus" fest. Bei uns gab es infolge dieser Brutalität intensive gesellschaftliche Auseinandersetzungen über politische Modelle, soziale Gerechtigkeit, etc., und wir haben in einem langen und mühsamen Kampf gesellschaftliche Regelungen dafür gefunden. Diese Auseinandersetzungen stehen einem Land wie China noch bevor.

Welche Rolle wird der Begriff der Nachhaltigkeit im künftigen Städtebau einnehmen?

Der Begriff ist extrem diffus und lässt sich heutzutage für fast alles verwenden. Es ist wichtig, genau darauf zu achten, was damit bezeichnet wird. Erstmal ist es nur ein Schmusebegriff, so wie eine „kreative Stadt". Wer sollte gegen eine kreative oder eine nachhaltige Stadt sein?

Nachhaltigkeit ist an sich aber noch kein Wert. Was wäre gegen ein kurzes Vergnügen einzuwenden? Es wäre wichtig, aus dem Begriff der Nachhaltigkeit eine Verantwortlichkeit abzuleiten, die die kommenden Generationen mit einbezieht. Das wir z.B. die Folgen unseres Handelns für die nächsten 100 Jahre bedenken. Dann ist es natürlich sinnvoll, den Energieverbrauch von Gebäuden zu vergleichen und zu bewerten. Dieses Interesse kommt aber weniger aus der Architektur, sondern von den Käufern und Mietern. Viel nützlicher als unsere Architekturdiskurse über das energiesparende Bauen war am Ende ein steigender Energiepreis.

Die steigenden Energiepreise werden auch Veränderungen in den bestehenden westlichen Stadttypen nach sich ziehen. Werden

DAS ENDE DER AMERIKANISCHEN VORSTADT

Steigende Benzinpreise stoppen den „urban sprawl". Im März 2008 legten die Autofahrer in den USA 17 Milliarden Kilometer weniger zurück als im Vormonat – ein Rückgang um 4,3 Prozent und damit der Höchstwert, seit 1942 begonnen wurde, diese Zahlen zu erfassen. Es geht nicht mehr nur um Kleinwagen statt SUVs – es geht darum, dass tägliches Pendeln mit dem Privatauto für viele Haushalte unbezahlbar wird.

Das Sinken der Immobilienpreise ist in den USA höchst ungleich verteilt. Hauskäufer interessieren sich nun wieder stärker für Stadtviertel in Zentrumsnähe oder mit gutem Bahnanschluss. Die Vororte werden sich bald nur Wohlhabende leisten können – es sei denn, das amerikanische Suburbia wird mit einem öffentlichen Nahverkehrssystem ausgestattet.

wir uns ein Leben im „urban sprawl" des 20. Jahrhunderts dann aufgrund der gestiegenen Mobilitätskosten einfach nicht mehr leisten können?

Das ist nicht so monokausal. Gewisse Dinge können wir relativ genau vorhersagen, andere sind nur sehr schwer zu prognostizieren. Natürlich haben wir den „Peak Oil" erreicht oder bereits überschritten. Es gibt keine Gründe, warum die Ölpreise noch einmal sinken sollten, und das wird Folgen für die Besiedlung haben. Standorte, die vom Automobilverkehr abhängig sind, werden in Zukunft unattraktiver, weil sie für viele Menschen zu teuer sein werden.

Was aber die generelle Stadtstruktur betrifft gibt es gewisse Widersprüche. Die Bedingungen der Energieverknappung sprechen erst einmal für eine kompakte Stadt: Kurze Wege, große Gebäude, geringe Oberfläche, etc. Wenn es aber um Energiegewinnung geht, wäre eine Dezentralisierung deutlich vorteilhafter: Möglichst viel Fläche, um Sonnenenergie einfangen zu können, Autarkie und Selbstversorgung. Das sind dann schon zwei grundsätzlich gegensätzliche Prinzipien. Daher sehe ich mich nicht in der Lage, ein Vision für die Stadt in 50 Jahren zu formulieren. Es wäre schon eine sehr anspruchsvolle Frage wie eine angemessene Stadtstruktur heute aussehen sollte.

Wir werden uns aber auf mehr Klimakatastrophen einstellen müssen: Ein ansteigender Meeresspiegel, Springfluten, Stürme. Architekten und Designern reagieren mit Entwürfen von so genannter „Krisenarchitektur" oder „Emergency Design", also dem Entwerfen für den Notfall. Sollte das in Zukunft ein wichtiges Feld für Architekten sein?

Bloß nicht. Man muss sich nur die Resultate anschauen – von 100 Entwürfen zu diesem Thema sind 99 immer Schrott. Die meisten werden nur in irgendwelchen Designzeitschriften abgedruckt und haben mit den realen Problemen schlichtweg gar nichts zu tun. Krisenhilfe ist vor allem eine logistische und finanzielle Aufgabe, kein Gestaltungsproblem.

PINK PROJECT

Der Schauspieler Brad Pitt hat nach der Flutkatastrophe in New Orleans Ende 2007 das Hilfsprojekt „Make it Right" ins Leben Gerufen. Ziel seiner Initiative ist, in New Orleans in von Katrina zerstörten Gebieten ökologisch-nachhaltige Häuser zu errichten. Um Spender für dieses soziale Projekt zu gewinnen, brauchte Brad Pitt ein starkes Zeichen. Das Berliner Architekturbüro GRAFT hat dafür eine Landschaft aus pinken Stoffhäusern entwickelt, die auf dem Grundstück aufgestellt wurden und den visuellen Hintergrund der begleitenden Medienarbeit bilden – Architektur als Kommunikationsinstrument für eine bessere Zukunft.

SCHWEDEN ÖLFREI

Bis 2020 will das Land von Erdöl vollständig unabhängig sein. Das erklärte Mona Sahlin, Ministerin für nachhaltige Entwicklung in Schweden, im Jahr 2005 zur offiziellen Regierungsrichtlinie. Erreicht werden soll das durch Steuererleichterungen, vor allem bei der Umrüstung von Ölheizungen in privaten Gebäuden. Autos, die mit Biokraftstoffen fahren, werden ganz von Abgaben befreit und dürfen gratis parken. Die Absichtserklärung und die einzelnen Maßnahmen sind Teil einer stabilen Regierungspolitik, die bereits seit der Ölkrise 1970 zunehmend auf erneuerbare Energien setzt. Bereits 1990 wurde in Schweden ein „green tax shift" beschlossen, der die Abgaben auf Energie und Emissionen erhöhte, während die Lohnsteuern gesenkt wurden. 1999 wurde die Lösung der größten Umweltprobleme zum „nationalen Ziel" erklärt.

Wie können Architekten helfen? Das „Pink Project" in New Orleans hat viele Leute für das Thema sensibilisiert, die darüber sonst vielleicht nicht nachgedacht hätten.

Das glaube ich nicht, das Thema war in den USA schon lange en vogue. Meines Erachtens diente dieses Projekt mehr der Vermarktung und Selbststilisierung der Initiatoren und Autoren, als einer ernsthaften Problemlösung. New Orleans ist ein sehr komplexes Problem: Sollen wir New Orleans überhaupt wieder aufbauen? Die Fläche, auf der die Stadt gebaut ist, rutscht jedes Jahr um etwa 2 Zentimeter ins Meer. Immer höhere Dämme zu bauen ist also sinnlos, auch angesichts der des steigenden Meeresspiegels. Zynisch könnte man vorschlagen, New Orleans als Theme Park wieder aufzubauen und alle ehemaligen Einwohner als Aktionäre daran zu beteiligen. Dann haben sie wenigstens finanziell etwas davon und könnten in Gegenden siedeln, die zukunftsträchtiger sind.

Vielleicht können Projekte wie das „Pink Project" ein breites, gesellschaftliches Nachdenken über den Lebensstil und über Ökologie anregen, gerade weil sie in den Hochglanzmagazinen und Fernsehserien auftauchen?

Kulturproduktion kann im Sinne von Wunschproduktion und Visionen durchaus wichtig sein. Doch in Hinsicht auf energiesparendes und umweltbewusstes Bauen sind die Möglichkeiten längst bekannt, die Visionen hierfür wurden in den 1970er und 1980er Jahre zur Genüge produziert. Wir brauchen hier keinen hippen Entwürfe in Designzeitschriften mehr, sondern ein politisches Handeln. Als Kulturproduzenten müssen wir uns davor hüten, mit Ersatzhandlungen den Kulturbetrieb zu befriedigen und dabei vor den realen gesellschaftlichen Konflikten und Problemen und politischen Handlungsdefiziten abzulenken.

Aus dem vorhandenen Wissen werden keine Konsequenzen gezogen, die Katastrophe in New Orleans z.B. war vorhersehbar. Für das Klimaproblem leistet der steigende Ölpreis unfreiwillig etwas Wesentliches, endlich ist der Trend des größer-schneller-weiter in der Automobilwelt gebrochen. In einer Welt, die im Wesentlichen wirtschaftlich gesteuert ist, müssen gesellschaftliche Änderungen letztendlich vor allem wirtschaftlich umgesetzt werden.

WOLFGANG TIEFENSEE

*1955, Politiker für die SPD. Seit 2005 Bundesminister für Verkehr, Bau und Stadtentwicklung der Bundesrepublik Deutschland. Er studierte Ingenieurwesen für industrielle Elektronik und Informatik im Bauwesen. Wolfgang Tiefensee ist Beauftragter der Bundesregierung für die neuen Bundesländer und war von 1998-2005 Oberbürgermeister von Leipzig.

SUPERGAS

Mobile Energieautonomie. Die dänische Künstlergruppe Superflex hat mit dänischen und afrikanischen Ingenieuren eine kleine, tragbare Biogasanlage gebaut, die auf die Bedürfnisse einer afrikanischen Familie zugeschnitten ist. Mit ihr kann aus den Exkrementen von etwa 2-3 Kühen täglich genug Biogas erzeugt werden, um zehn Menschen mit Energie für Kochen und Licht auszurüsten. „Das System wurde so gestaltet, dass es den Wünschen des modernen afrikanischen Konsumenten in Hinsicht auf Design und Effizienz entspricht." In Kambodscha wurde das System zusammen mit der University of Tropical Agriculture produziert und für 50 US-Dollar verkauft, ein geringerer Preis soll durch Produktion in größeren Mengen möglich werden.

LEIHFAHRRÄDER PER SMS

Ökologischer Nahverkehr in Innenstädten. Seit 2001 baut die Deutsche Bahn in Deutschland ihr Angebot aus - die Idee ist, dem Kunden von „Haus-zu-Haus" ein Mobilitätsangebot machen zu können. Dazu wurde neben einem Autoverleih auch das Angebot eines innerstädtischen Mietfahrradsystems installiert, zuerst in München, dann auch in Berlin, Frankfurt am Main, Köln, Stuttgart und Karlsruhe. Mit dem Telefon kann der Kunde einen Code anfordern, der per SMS zugestellt wird, bezahlt wird minutengenau per Kreditkarte oder Bankeinzug. Die Fahrräder können überall in den Innenstädten geliehen und wieder abgestellt werden. Inzwischen gibt es Mietfahrräder auch in Paris, Brüssel und Washington. In Paris sind es sogar 16.000 Fahrräder an 1300 Ausleihstationen, die Vélib genannt werden - was inzwischen als Verb in die Pariser Sprache Einzug gehalten hat: Man

„Die Megacities des 21. Jahrhunderts werden ganz anders aussehen müssen."

Im Gespräch mit WOLFGANG TIEFENSEE

Wie reagiert die Stadtplanung auf die Szenarien, die uns Wissenschaftler im Zusammenhang mit dem Klimawandel im Augenblick prognostizieren?

Der Klimawandel stellt die Stadt vor ganz unterschiedliche Herausforderungen. Einerseits müssen gerade die Städte ihren Beitrag leisten, eine weitere Verschlimmerung des Klimawandels so weit wie möglich zu verhindern – auf der anderen Seite müssen wir uns auf die bereits absehbaren Folgen des Klimawandels einstellen. Das Ziel, die Erderwärmung bis 2050 auf maximal zwei Grad Celsius zu beschränken, ist ja schon ein ehrgeiziges Ziel. Das bedeutet aber auch, dass wir uns auf diese zwei Grad Celsius durchschnittliche Erwärmung bereits jetzt einstellen müssen.

Um weiteren Klimaänderungen vorzubeugen, müssen wir klimaschädliche Emissionen heute verringern. Ein Klimagas, das CO_2, wird hauptsächlich bei der Energieerzeugung freigesetzt. 40 Prozent der Energie werden in der Bundesrepublik in den Gebäuden verbraucht, 30 Prozent im Verkehrsbereich. Wenn also unsere Gebäude energieeffizienter werden und die Stadtquartiere möglichst kompakt sind – mit kurzen Wegen und eigener, dezentraler Energieversorgung – dann werden wir die CO_2-Emissionen erheblich reduzieren. Wir müssen weg von den großen Kraftwerken und den langen Transportwegen. Bei der Stärkung dezentraler Energieversorgung in der Stadt werden neben der Kraft-Wärme-Koppelung zukünftig Erdwärme und Photovoltaik eine immer größere Rolle spielen: Wir müssen uns von den fossilen Brennstoffen umstellen auf regenerative Energien. Auch siedlungsintegrierte Anlagen für Wind- und Wasserkraft können an geeigneten Standorten ein weiterer Baustein dieser Strategie sein.

Wie müssen wir unsere Städte auf die Folgen des Klimawandels vorbereiten?

Derzeit gibt es schon raumplanerische Strategien für die Küstenregionen und Städte wie Hamburg und Bremen, die auf den an-

„vélibiert" durch die Stadt. Das System ist etwas ausgefeilter: Gibt man das Fahrrad an einer höher gelegenen Stelle wieder ab, bekommt man 15 Gratisminuten.

SKYSAILS
Nicht nur Individualverkehr, auch der globale Warentransport verursacht einen Teil des CO2-Ausstoßes. Früher ist man klimaneutral gesegelt, heute sind gigantische Containerschiffe mit Dieselmotoren auf den Weltmeeren unterwegs. Bei Skysails werden die Motoren von einem Drachensegel unterstützt. 10 bis 35 Prozent des Treibstoffs werden so eingespart. Derzeit befinden sich Skysails in Erprobung, die Serienfertigung ist geplant.

„WHAT IF NEW YORK CITY ..."
New York bereitet sich auf Naturkatastrophen vor. Im September 2007 schreibt Michael R. Bloomberg, Bürgermeister der Stadt New York einen Architekturwettbewerb aus, wie sich die Stadt auf kommende Sturmfluten vorbereiten könnte. Vor allem sollen Möglichkeiten überlegt werden, wie nach einem Desaster schnell Ersatzwohnungen zur Verfügung gestellt werden könnten. Joseph F. Bruno, Leiter des Office for Emergency Management (OEM): „Der Wettbewerb „What If New York City..." sucht nach innovativen architektonischen Ansätzen, Flüchtlingen nach einer Naturkatastrophe eine Zuflucht zu bieten. Würde eine Stadt wie New York von einer solchen Katastrophe heimgesucht, wären Tausende obdachlos und der Wiederaufbau der Stadtviertel würde einige Jahre dauern. Daher sucht der Wettbewerb nach provisorischen Interimslösungen." New York plant, durch die Wettbewerbsergebnisse Vorreiter eine globalen Entwicklung zu werden, wie New Yorks Director of Strategic Development, Cynthia Barton, betont: „New York setzt neue Maßstäbe für post-disaster housing. Das Thema wird für die dicht besiedelten Küstenregionen überall auf der Welt immer mehr an Bedeutung gewinnen." Weniger optimistisch sind amerikanischen Versicherungen. Laut der New York Times vom 16. Oktober 2007 wurden über 3 Millionen Hausbesitzern in New York aus Furcht vor zukünftigen Stürmen die bestehenden Versicherungen gekündigt.

steigenden Meeresspiegel, aber auch auf Fluten und Stürme reagieren. Es gibt raumordnerische Grundsätze mit dem Ziel, regenerative Energien zu fördern und den Folgen des Klimawandels zu begegnen. Aber wie die Stadtplanung auf die Folgen des Klimawandels reagieren kann, welche Planungsschritte für die Städte notwendig wären – diese Überlegungen stecken wirklich noch in den Kinderschuhen.

Ich bin als Politiker und Ingenieur allerdings auch äußerst skeptisch, was Prognosen über einen Zeitraum von 20 oder mehr Jahren angeht. Wer hätte denn in den 1970er Jahren voraussagen können, dass wir heute ein Mobilfunknetz haben? Ebenso wenig können wir voraussagen, wie das Nahverkehrssystem im Jahr 2070 aussehen wird. Wichtiger erscheint mir, jetzt zu handeln: In regenerative Energien investieren, die Energieeffizienz steigern, die Mobilität klimafreundlich umgestalten und den öffentlichen Nahverkehr in unseren Städten ausbauen.

In Asien und im Nahen Osten werden ökologische Musterstädte entwickelt. Was kann der Städtebau in Europa von diesen Neugründungen lernen?

Die Europäische Stadt und die von ihnen angesprochenen Neugründungen sind zwei sehr verschiedene Modelle. Wir brauchen beide und sollten beide weiter entwickeln. Auf der einen Seite ein Umbau der bestehenden, gewachsenen Städte nach ökologischen Gesichtspunkten, auf der anderen Seite die Planung neuer Städte nach ökologischen Prinzipien. Beide Stadtmodelle können voneinander lernen. Unsere Fachleute bereisen und beraten in Afrika, China, Russland und im Nahen Osten, wo die Städte enorm wachsen. Wenn wir etwas gegen den Klimawandel unternehmen wollen, dann müssen wir diese Städte in Fragen der nachhaltigen Stadtplanung, der Energienutzung oder des Recyclings beraten. Die europäische Stadt könnte im internationalen Diskurs in vielerlei Hinsicht als Positivbeispiel genutzt werden.

Die Vorhersagen für die Folgen des Klimawandels sind dramatisch. Was hindert uns eigentlich daran, unsere Städte und unsere Energieversorgung noch viel entschlossener ökologisch umzurüsten?

FORTSCHRITT
„Die Beschäftigung mit alten Technologien verstellt den Blick auf das, was möglich wäre."

EXTRATERRESTRISCHE WELTEN
Die ultimative Lösung aller Umweltprobleme ist das Verlassen der Erde. Und dass das nicht nur Science-Fiction ist, sondern in nicht allzu ferner Zukunft Wirklichkeit sein könnte, erklärt Michael Griffin, derzeitiger Leiter der NASA, in einem Interview 2005: „Auf lange Sicht können Ein-Planeten Arten nicht überleben. Wenn wir Menschen für hunderte oder tausende von Millionen Jahren überleben wollen, müssen wir zwangsläufig andere Planeten besiedeln. Ich weiß nicht wann es so weit sein wird, aber irgendwann werden mehr Menschen jenseits der Erde leben als auf ihr. Ich weiß, dass die Menschheit das Sonnensystem kolonisieren wird, und eines Tages auch noch weit darüber hinausgehen wird."

AARON BETSKY
*1958, ist Architekt, Kritiker, Kurator, und Autor von Architektur- und Designpublikationen. Er studierte Geschichte und lehrte von 1983 bis 1985 an der University of Cincinnati. Bis 2006 war er Direktor des Cincinnati Art Museum und des Niederländischen Architekturinstituts in Rotterdam. Von 1995 bis 2001 war Betsky Kurator im San Francisco Museum of Modern Art. 2008 ist er künstlerischer Direktor der 11. Architekturbiennale in Venedig.

IN DER STADT

Die Beschäftigung mit alten Technologien verstellt den Blick auf das, was möglich wäre. Mit Albert Einstein könnte man sagen: Es ist doch verrückt, dass wir immer dieselben Wege gehen und uns wundern, dass wir zu denselben Ergebnissen kommen. Der Fortschritt hat immer schon die großen Sprünge gebraucht. Wenn ich mir überlege, dass wir einmal den Mut hatten, ganz Europa mit einem Schienennetz zu durchziehen, oder mit welcher Entschlossenheit die mittelalterlichen Städte Europas mit einem Abwasser- und Frischwassersystem ausgestattet wurden, dann kommt mir vieles von dem, was wir heute planen, eher mutlos vor. Das waren Innovationen, mit denen eine neue Technologie völlig anders kommuniziert und durchgesetzt wurde. Einen solchen Paradigmenwechsel brauchen wir auch heute! Wir sollten China und Indien bei der Entwicklung von öffentlichen Nahverkehrssystemen unterstützen, statt bei der individuellen Motorisierung. Die Megacities des 21. Jahrhunderts werden ganz anders aussehen müssen! Oder wenn die USA – so wie Schweden – sagen würden, dass sie vom Erdöl als Energiequelle weg wollen. Das wären solche Paradigmenwechsel. Wie bei der Atomkraft, die sicher keine Technologie für das 21. Jahrhundert ist. Nach den heutigen Prognosen werden wir, wenn wir 2022 die Atomkraftwerke abgeschaltet haben, eine echte Lücke in der Stromerzeugung haben. Aber wir haben jetzt noch 14 Jahre Zeit, in die regenerativen Energien zu investieren, unsere Gebäude energiesparend zu bauen und zu sanieren, energieeffiziente Technologien zu entwickeln und einen Durchbruch in der Industrie zu erreichen. Die Milliarden, die wir in alte Technik investieren müssten, sind Gelder, die wir besser in die Entwicklung der regenerativen Energien investieren sollten.

„Architektur ist ein kultureller Prozess."
Im Gespräch mit AARON BETSKY

Was kann Architektur zu einer besseren Zukunft beitragen?

Wir leben in einer Welt, in der wir unsere natürlichen Rohstoffen verbrauchen, unsere Landschaft vernichten, die Schere zwischen Arm und Reich immer weiter auseinander klaffen lassen, in der wir soziale Segregation vertiefen und die ökonomischen Ungerechtig-

UTOPIA
„Utopia ist ein faschistisches Unternehmen.“

IN DER STADT

keiten dauerhaft werden lassen. Architektur kann diese Ungerech-
tigkeiten sicher nicht beseitigen, aber dennoch können wir an den
Symptomen dieser Probleme arbeiten, zum Beispiel indem wir die
weitere Zersiedelung verhindern und auch in der Art, wie wir Gebäude gestalten. Einfach gesagt sollten Architekten ab und an in
Frage stellen, ob überhaupt gebaut werden sollte und wenn, wie
es auf sensible Weise getan werden könnte. Architekten können
alternative Szenarios vorschlagen und so Kritik an den ,normalen'
Vorgehensweisen äußern. Deutlicher kann ich nicht werden – es
wäre jetzt an den Architekten selbst, uns zu zeigen, wie wir über
unsere physische Welt auf grundlegend andere Art und Weise
nachdenken könnten.

Warum sollte das eine Aufgabe der Architektur sein?

Die Architektur darf sich nicht zu sehr mit der Idee aufhalten, sie
sei eine technische Angelegenheit. Das ist sie nicht. Architektur
ist ein kultureller Prozess, der aus dem technischen Akt des Bauens einen Rahmen entwickelt, der unsere Beziehungen zu unserer
Umgebung, aber auch unsere Beziehungen zu anderen Menschen
formt. Dementsprechend rate ich den Architekten, sich mehr mit
Kultur als mit Computern zu beschäftigen.

*Bedeutet das auch, Architekten sollten sich wieder mit den Ent-
würfen von Utopia beschäftigen?*

Nein. Utopia ist ein faschistisches Unternehmen, wie wir heraus-
gefunden haben. Das soll nicht heißen, Architekten sollten nicht
träumen – sie sollten sich dabei lediglich immer im Klaren sein,
dass sie mögliche Szenarios und Visionen anbieten, nicht fest stehende Lösungen.

*Können wir in der Zukunft die gebaute Architektur gänzlich hinter
uns lassen und uns einen neuen Garten Eden erschaffen – einen
vielleicht durch Gentechnik vollständig kontrollierten Garten, in
dem wir dann nackt, sicher, frei und glücklich sein werden?*

Ach nein, der Garten Eden von dem ich rede, ist doch nur eine
Idee. Nein, nein, wir sollten lieber versuchen, durch verantwort-

JENSEITS DER STADT

„Genau wie wir über eine Architektur jenseits der Gebäude nachdenken sollten, sollten wir auch über eine Urbanität jenseits der Stadt nachdenken."

liche, kritische und gut überlegte Konstruktionen unsere Welt immer ein kleines Stück besser zu machen. Ich weiß nicht, ob wir dann noch Städte brauchen werden, aber wir werden sicherlich Urbanität brauchen – im Sinne einer gewissen Funktionsdichte, die die Menschen miteinander in Kontakt bringt. Solche urbanen Knoten könnten allerdings in Zukunft überall sein. Genau wie wir über eine Architektur jenseits der Gebäude nachdenken sollten, sollten wir auch über eine Urbanität jenseits der Stadt nachdenken.

MARCUS PETER

*1967, Kulturwissenschaftler. Seit 2005 Wissenschaftsreferent der Stiftung Brandenburger Tor. Er arbeitete in der internationalen Forschungsgruppe Society and Technology Research Group der Daimler AG und am Hygiene-Museum in Dresden. Für die Stiftung Brandenburger Tor hat er als Co-Kurator die Wissenschaftsausstellung „Prototypen – Bionik und der Blick auf die Natur" betreut.

LICHT, LUFT UND WASSER

Philipps entwickelt organisches Hauskonzept. „Habitat 2020" soll eine Lösung für alle gegenwärtigen Umweltprobleme werden: Für die Energie- und Wasserkrise, gegen die Erderwärmung und die Luftverschmutzung. Das Gebäude übernimmt dabei die Funktionen eines natürlichen Organismus, die Fassade wird als Membran verstanden: Trichterförmige Sensoren reagieren auf Licht und Wasser. Durch ihr Öffnen und Schließen lassen sie entweder Licht ins Innere oder sammeln Regenwasser, das gereinigt und als Trink- und Nutzwasser verwendet werden kann. Auch Luft wird durch die Stellung der Sensoren ins Gebäude geleitet, gesäubert und zur „natürlichen" Lüftung verwendet. Die Trichter auf der Haut des Gebäudes sollen nicht elektrisch gesteuert werden, sondern sich selbst nach den Wetterbedingungen richten können. Bis 2020 soll ein Prototyp in China realisiert werden.

IDEENQUELLE

„Wir müssen die Natur als Ideen, statt als Ressourcenquelle nutzen."

IN DER NATUR

„Eine schlichte Imitation der Natur ist zu wenig."
Im Gespräch mit MARCUS PETER

Die Bionik gilt besonders zukunftsweisender Forschungszweig - dabei ist das Lernen von der Natur doch ein alter Hut. Oder nicht?

Je nachdem, wie man Bionik versteht. Der Mensch hat die Natur schon immer als Vorbild genommen. Das zeigt sich auch im Mythos von Dädalus und Ikarus. Allerdings reicht es nicht aus, die Natur nur zu kopieren. Sich vogelgleich in die Luft zu erheben – das funktioniert nur im Mythos.
Otto Lilienthal war ein wirklicher Pionier der Bionik: Er hat die physikalischen Grundlagen des Vogelflugs analysiert, akribische Berechnungen angestellt und mit einem enormen Einfallsreichtum an aufwändigen Versuchsanordnungen experimentiert. So erkannte er die Bedeutung von Form und Stellung der Flügel – und er konnte belegen, dass die menschliche Muskulatur für den aktiven Schlagflug wie bei den Vögeln nicht die nötige Kraft aufbringt. Der Vortrieb musste anders erzeugt werden, nur so konnte das Fliegen für den Menschen nutzbar gemacht werden. Eine schlichte Imitation der Natur ist zu wenig, notwendig ist die Abstraktion – damit kommt die menschliche Erfindungsgabe und das ingenieurstechnische Können hinzu. Die Natur bietet uns lediglich sehr viele hochinteressante Ansätze.

Führen diese Analysen und das wachsende Verständnis für die Komplexität der Natur gleichzeitig auch zu einem wachsenden Respekt, vielleicht sogar zu einem ökologischen Umdenken durch ein besseres Verständnis?

Das wäre zu hoffen. Wenn wir die Natur als Ideen- statt als Ressourcenquelle erkennen, dann würde sich die Trennung von Mensch und Natur auflösen. Die Natur hat eine unvorstellbare Vielfalt von Ideen und eine Unmenge fantastischer Lösungen für die Anpassungen an Lebensumstände hervorgebracht. Dabei ist die Natur überhaupt nicht intelligent; Die Natur ist ein blinder Konstrukteur, sie ist nicht zielgerichtet und unterliegt einem permanenten, unendlichen Wandel. Dennoch hat sie für den jeweili-

TECHNO-FISCH

Festo entwickelt Rochenroboter. Der Mantarochen gilt wegen der Form seines Körpers mit zwei Kopfflossen und der vogelähnlichen Bewegungen als einer der am optimalsten ans Wasser angepassten Organismen. Die Firma Festo arbeitet derzeit an einem Unterwasserroboter, der Haut, Form und Kinematik des Rochens nachempfindet: „Aqua_Ray" wird ein energiesparender Forschungsroboter, der – wie der Rochen – als hydrostatischer Gleiter oder mit Flügelschlag betrieben werden kann, was eine äußerst exakte Steuerung ermöglicht. Die nächste Entwicklung soll der „Air_Ray" sein – eine Rochenroboter als Heliumballonkonstruktion, der sich in der Luft bewegen kann, wie ein Rochen unter Wasser.

DAS ERSTE BIOENERGIEDORF DEUTSCHLANDS

Die Gemeinde Jühnde macht sich Strom und Wärme selbst. Die Einwohner selbst hatten sich zu diesem Schritt entschlossen: Dazu wurde eine Biogasanlage und ein Biomasse-Heizwerk gebaut, ein Nahwärmenetz bringt die Energie in die Haushalte. Die Teilnahme an dem Projekt war von Anfang an freiwillig, mittlerweile sind 70% der Häuser angeschlossen. Alle Beteiligten sind in einer Genossenschaft organisiert und verwalten sich selbst, jeder Haushalt zahlte einmalig 2.500 Euro in die Genossenschaft ein – im ersten Jahr wurden insgesamt bereits 300.000 Liter Heizöl weniger verbraucht. Wenn das Dorf mehr Energie erzeugt als es für den eigenen Bedarf verbraucht, wird der Überschuss verkauft und an die Genossenschaftler ausgezahlt. Das Modell Jühnde zieht interessierte Gemeinden aus der ganzen Welt an – der ehemalige Bürgermeister Anton Brandenburg kann inzwischen Gäste auf japanisch, koreanisch und russisch begrüssen.

gen Zeitpunkt – im Gegensatz zu unserer Technik – optimierte Lösungen hervorgebracht. Davor kann man schon Respekt haben.

Was bedeutet das für unsere Technik?

Wir sollten Entwurfsstrategien verfolgen, die Wandel und Transformation ermöglichen. Der Mensch ist ja intelligent, wir können also Ziele für unsere technische Evolution formulieren.

Wie würde so eine Evolutionsstrategie aussehen?

Wir brauchen vor allem zwei Grundvoraussetzungen: Neugierde und den Mut zum Experiment. Wir müssen uns auch auf Lösungen einlassen, die scheitern könnten. Und wir müssen neugierig bleiben. Dann müsste eine Evolutionsstrategie dezentral funktionieren und mehrere unabhängige Wege zulassen. Das kann sehr erfolgreich sein, wie man bei der alternativen Energiegewinnug sieht. Anstelle von wenigen extrem aufwändigen Großanlagen gewinnen kleine dezentrale Einheiten immer mehr an Gewicht. So wie in der Natur jeder Organismus für seine eigene Energieversorgung zuständig ist, könnte ich mir für die Zukunft auch Häuser oder Wohnsysteme vorstellen, die sich selbst versorgen und Energie auch abgeben können.
Auch die Robotik arbeitet inzwischen mit dezentralen Systemen. Früher wurden bei den Robotern alles zentral gesteuert, von einem künstlichen Hirn aus. Das führte zu klobigen und energiefressenden Maschinen, die zudem wegen der langen Befehlsketten auf alles viel zu langsam reagierten. Die Natur funktioniert anders: Heuschrecken sind z.B. nicht besonders intelligent und wären total überfordert, wenn sie jeden Muskel ihrer sechs Beine permanent einzeln ansteuern müssten. Was passiert also in der Heuschrecke? Wenn das erste Bein an ein Hindernis stößt, dann wird diese Information dezentral an die Muskeln der anderen Beine weiter gegeben. Nach diesem System werden jetzt Roboter konstruiert.

Uns hindert nur fehlender Mut und mangelnde Neugierde?

Und unsere Bequemlichkeit. Das System funktioniert ja alles in allem. Die Natur macht es da nicht anders, sie ist ja nicht optimal,

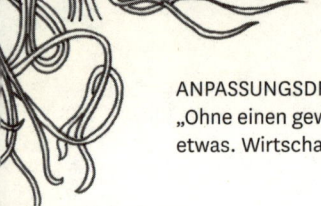

ANPASSUNGSDRUCK

„Ohne einen gewissen Anpassungsdruck ändert die Natur selten etwas. Wirtschaft und Industrie machen das genauso."

JOHN THACKARA

*1951, Journalist und Designer. Seit 2000 Direktor des Zukunfts-design-Netzwerks „Doors of Perception". John Thackara zählt zu den weltweit renommiertesten Vordenkern im Bereich Design und berät die Europäische Kommission in Fragen der Innovationspolitik. Er war u.a. von 1993-1999 Direktor des „Netherland Design Institute" und von 2000–2003 Mitglied des „Interaction Design Institute" in Ivrea. Er ist Autor des Buches „In the Bubble: Designing in a Complex World" (MIT Press 2005).

NATÜRLICHE VORBILDER

Die geometrische Porenstruktur der Kieselalge, die erst unter dem Elektronenmikroskop sichtbar wird, dient bereits als Konstruktionsvorbild für Gitterschalenkonstruktionen weit gespannter Hallendächer. Am Alfred-Wegener-Institut für Polar- und Meeresforschung in Berlin wurde 2008 das Institut Plankton-Tech gegründet, das 3D-Modelle der Mikro-Bauweisen erstellt um diese direkt in Gebäudekonstruktion zu übertragen.

Termiten bauen in den afrikanischen Savannen bis zu sieben Meter hohe Turmbauten, die meistens ebenso tief in die Erde ragen. Die natürliche Kaminwirkung sorgt für einen Zustrom kühler, sauerstoffhaltiger Luft unten, die Verdunstung von Wasser an den Innenwänden sorgt für eine zusätzliche Klimatisierung.

sondern optimiert. Ohne einen gewissen Anpassungsdruck ändert die Natur selten etwas. Wirtschaft und Industrie machen das genauso.

„Wir werden nur überleben, wenn wir mit der Natur zusammenarbeiten."
Im Gespräch mit JOHN THACKARA

Es scheint, also würden unsere technischen Geräte nicht länger versuchen, uns vor den Kräften der Natur zu schützen, sondern diese eher nachahmen. Halten Sie das für einen vielversprechenden Ansatz für die Zukunft?

Ich würde lieber davon sprechen, die Natur zu respektieren und von ihr zu lernen, anstatt sie nachzuahmen. Und ich halte das auf jeden Fall für einen guten Ansatz. In London sind es heute 39 Grad Celsius, also denke ich, Termiten könnten uns einiges über Städtebau beibringen. Sie bauen sich in der Wüste ausgeklügelte Städte, die gänzlich ohne Heizungs- oder Lüftungstechnik auskommen und in denen die Temperatur dennoch konstant bleibt.

Wird uns dieses Lernen von der Natur in eine wahre, grüne Zukunft führen? Oder werden wir durch dieses zunehmende Verstehen die Natur bald vollständig kontrollieren können?

Wir werden nur überleben, wenn wir lernen, mit der Natur zusammen zu arbeiten. Sollten wir weiterhin versuchen, die Natur durch unsere Technologie zu kontrollieren, wie wir es in den letzten Generationen getan haben, dann werden wir sowieso scheitern.

In ihrem Buch „In the Bubble 2.0" schreiben Sie, dass wir uns mittels Design aus den Schwierigkeiten befreien könnten, in die wir uns durch Design gebracht haben. Ist das Ziel von Design dann nicht eben diese Kontrolle der Natur, um unser Leben komfortabel und bequem zu gestalten?

Im Gegenteil! Zwei der allerwichtigsten Aufgaben von Design sind es, unser Leben weniger bequem zu gestalten und uns zu

INSPI-RAT, DIE KLETTERRATTE

Forscher bauen Roboter mit vierfüssigem Klettermechanismus. Enge Kabel- oder Rohrschächte sind dem Menschen nicht zugänglich und auch die Robotertechnik ist noch nicht so weit, dass sie steile Anstiege in engen Schächten überwinden kann – kleine Wirbeltieren hingegen können das. Maschinenbauer der Universität Ilmenau und Zoologen der Universität Jena arbeiten an einem Roboter, der den Klettermechanismus von Ratten, Chamäleons und Affen untersucht und ihn auf einen Roboter überträgt: InspiRat kann dann wie seine natürlichen Vorbilder an Kabeln im Schacht hinauf klettern.

KARLHEINZ STEINMÜLLER

*1950, Zukunftsforscher und Science-Fiction-Autor. Seit 1997 wissenschaftlicher Direktor von „Z_punkt – The Foresight Company". Das Beratungsunternehmen für strategische Zukunftsfragen berät u.a. die Europäischen Kommission und die Regierung von Luxemburg. Er studierte Physik und Philosophie und war wissenschaftlicher Mitarbeiter am Zentralinstitut für Kybernetik und Informationsprozesse der Akademie der Wissenschaften der DDR.

aktivieren. Ein Mensch fühlt sich nur dann komfortabel und bequem, wenn er – sinnlich und intellektuell – von den Kräften der Natur abgekoppelt ist.

Das sind ja recht realistische Antworten für jemanden, der sich „Futurist" nennt. Aber wie wird das Leben auf der Erde im Jahr 2108 aussehen? Es gibt doch sicher eine Erfindung, die Sie gerne jetzt schon in ihren Händen halten würden?

Um ehrlich zu sein: Ich sehe keine Notwendigkeit, so weit in die Zukunft zu schauen. Einen großen Teil meiner Lebenszeit habe ich damit verbracht, als Futurist zu firmieren – aber inzwischen bin ich von der Wichtigkeit überzeugt, sich auf das Hier und Jetzt zu konzentrieren. In diesem Sinne wäre ein Gegenstand, den ich unbedingt in meinen Händen halten möchte: Meine Tochter, meine Eltern, meine Frau und mein Hund – wenn auch nicht unbedingt in genau dieser Reihenfolge.

„Gebäude werden Lebewesen"
Im Gespräch mit KARLHEINZ STEINMÜLLER

Was sind für Sie die wichtigsten bio-technologischen Trends der Zukunft?

Es gibt drei, die man da nennen kann. Das erste ist die zunehmende Miniaturisierung hin zur atomaren Ebene, von Mikro zu Nano. Wir erforschen und beherrschen zunehmend kleinere Teilchen und das wird sicher noch anhalten.
Den zweiten großen Trend könnte man als Biologisierung beschreiben: Wir versuchen, mit unserer Technik nachzumachen, was die Natur uns vormacht. Das ist mehr als nur die klassische Bionik, sondern das heißt eben auch Biotechnologien: chemische Prozesse und physiologische Prozesse der Natur nachzubauen. Nicht nur nachahmen, sondern die natürlichen Prozesse verbessern und neu kombinieren.
Drittens die Integration in Suprastrukturen. Also die Verknüpfung von Infrastruktursystemen miteinander. Zum Beispiel laufen Verkehrsinfrastrukturen heute größtenteils nur noch mit einer Kop-

GEBÄUDE, DIE SELBER WACHSEN

Am ILEK der Universität Stuttgart wird erforscht, wie in Bioreaktoren mit Hilfe von tierischen Stammzellen selbst wachsende Tragwerke entstehen können. Derzeit wird diese Technik vor allem im medizinischen Bereich erforscht. Zukünftige Anwendungen sind Tragstrukturen, die wie Knochen wachsen, oder weiche Wände, die nach Verletzungen wieder verheilen und auf klimatische Veränderungen adaptiv reagieren können.

DIE ORGANISCHE STADT

MeTreePOLIS ist eine Stadt in 100 Jahren. Dazu haben die New Yorker Architekten Hollwich Kushner (HWKN) heutige Entwicklungen in der Gentechnik in die Zukunft projiziert. Die Stadt der Zukunft wird das Ergebnis einer genetisch optimierten Natur sein: Wie ein Wald besteht sie aus verschiedenen Schichten: Oben bildet sie eine Krone zum Einfangen von Wasser und Energie, unten einen ebenen Stadtboden aus nachwachsendem Moos. Bis zum Jahre 2108 wird die Verschmelzung photosynthetischer Moleküle mit elektronischen Schaltkreisen möglich sein. Gentechnisch veränderte Pflanzen werden zu Kraftwerken der Städte.

SPATIUM GELATUM – BIOLOGICAL HABITAT

Architekt Zbigniew Oksiuta will einen lebendigen Organismus schaffen, der den Menschen schützt und ernährt. Das Projekt kombiniert Forschung, Kunst und Architektur, um einen „biologischen Raum" zu kreieren. Die amorphen Formen der „gefrorenen Hülle" sollen unter Wasser geformt werden, für die Hülle werden ineinander nicht lösliche Flüssigkeiten in einer Haut aus biologischen Polymerverbindungen genutzt, etwa Gelatine, Agarose oder Zellulose. Derzeit studiert Oksiuta die Reaktion von verschiedenen Flüssigkeitskombinationen, die sich durch Modulationen in Dichte, Druck und Temperatur gegenseitig in eine fast steife Balance bringen sollen. Eine solche Bautechnik

pelung an informationstechnische Infrastruktur. Bereiche wie Energie, Entsorgung und Daten fließen zusammen. Das bedeutet, dass der Globus von einer Art Technosphäre überzogen wird – eine Technosphäre, die aber nicht aus einzelnen technischen Strukturen besteht, sondern aus miteinander gekoppelten Techniken besteht. Wie ein Wald nicht aus einzelnen Bäumen besteht – die Bäume sind miteinander, aber auch mit dem Waldboden, den Käfern und den Vögeln vernetzt. Genauso fließt die Technik zu einer Technosphäre zusammen.

Sie haben ja schon einmal gesagt, dass die Biotechnologie für die Architektur immer wichtiger werden wird. Wie verändern sich dann unsere Gebäude?

Langfristig wird das Gebäude ein organisches Wesen, welches ungeheuer viele Fähigkeiten von Lebewesen übernimmt. Nicht nur die Bio-, auch die Nano-Technologie wird für die Architektur dann wichtig sein. Es wird so etwas wie Grüne Ziegel geben, die zu Photosynthese fähig sind und in die gesamte Gebäudehülle integriert werden können. Im Gegensatz zur Photovoltaik haben sie einen viel besseren Erntefaktor, sind außerdem recyclebar und einfacher herzustellen. Die Ziegel liefern keinen Strom, sondern Moleküle einer bestimmten Art: Zuckermoleküle oder Kohlenwasserstoffe für die Energieversorgung des Hauses. Das funktioniert dann nicht mehr elektrisch, sondern chemisch – genau wie in den Pflanzen. Von den Blättern, den „grünen Ziegeln", fließen Nährstoffströme in die anderen Räume oder in das Fundament, um dort in Leistung umgesetzt zu werden. Leider ist es noch nicht gelungen, Photosynthese nachzubauen und auch die schönste Vision hat ihre Schattenseiten: So wie sich ein intelligentes Haus einen Softwarevirus zuziehen kann, könnte sich ein „Grünes Haus" alle möglichen Pflanzenkrankheiten zuziehen, Blattläuse oder ähnliches. Und ich würde da weder mit Pestiziden noch mit Gentechnik rangehen wollen – obwohl das natürlich eine Einfallschneise für Gentechnik wäre, schon weil wir so viele neue Funktionen bräuchten, dass man keine existierenden Pflanzen nehmen könnte.
Fenster oder Jalousien würden dann nicht mehr elektrisch, sondern chemisch angetrieben und öffnen und schließen dann ähnlich wie die Spaltöffnungen von Pflanzen. In dieser Richtung kann man

soll beinahe schwerelose Formen ermöglichen, in Gestalt und Produktionsweise dem Glasblasen ähnlich. Das Ergebnis soll ein biologisch erneuerbarer, äußerst haltbarer und widerstandsfähiger Raum sein – der außerdem verschiedene Aromen und Farben annehmen kann.

DANIEL DAHM
*1969, Geograph und Ökologe. Er forscht und berät zu den Themen Nachhaltigkeit und Entwicklungszusammenarbeit. Er war u.a. Research Fellow am Natural History Museum in London und freier Mitarbeiter des Wuppertaler Instituts für Klima, Umwelt, Energie. Er ist Co-Autor des Buchs „Urbane Subsistenz" (Oekom 2008) und Mitverfasser des Potsdamer Manifests 2005.

KEIN PLATZ MEHR FÜR KUCKUCKSKINDER
Klimawandel bedroht Kuckuck. Der Kuckuck legt seine Eier bevorzugt kleineren Wirtsvögeln wie dem Rotkehlchen oder dem Hausrotschwanz ins Nest. Diese Wirtsvögel leben in Europa, während der Kuckuck im Winter nach Süden zieht. Durch die Temperaturänderungen kommt der Kuckuck immer später nach Europa, während die Wirtsvögel hier immer früher beginnen, zu brüten. Weil der Kuckuck dann keine Wirtsvögel mehr findet, die seinen Nachwuchs aufziehen, ist der Vogel vom Aussterben bedroht.

sich sehr viel Haustechnik auf eine völlig andere Art vorstellen: Wände könnten Verletzungen selbst ausheilen. Fußböden könnten mit Zilien ausgestattet werden, die Staub oder Hausmilben aktiv zu einem bestimmten Punkt transportieren, an dem der Schmutz gesammelt oder gleich abgesaugt wird.

Ob das eine reale Chance hat weiß ich nicht – aber wenn wir über das Jahr 2108 nachdenken, dann ist das eine absolut berechtigte Vision.

„Es ist wichtig, die Instabilität unserer Natur zu akzeptieren."
Im Gespräch mit DANIEL DAHM

Unser gegenwärtiges Gesellschaftsmodell scheint in vielen Punkten die Grundlagen des menschlichen Lebens zu zerstören. Was müssen wir ändern?

Sicher gibt es Probleme mit unserem Gesellschaftsmodell, das aber nicht in all seinen Grundlagen verändert werden muss – denn es gründet sich auch auf unserem Mitgefühl und unseren ethischen Werten. Aus einer makroskopischen Perspektive müsste man eigentlich sagen: Trotz aller Katastrophen, Seuchen und Kriege hat sich die Menschheit doch ganz gut gemacht. Wir sind inzwischen rund 6,7 Milliarden und machen uns Gedanken, wie es weitergehen soll. Es ist wie mit dem berühmten Beispiel der beiden oszillierenden Populationskurven von Füchsen und Kaninchen. Je mehr Füchse es werden, desto weniger Kaninchen gibt es. Wenn es weniger Kaninchen gibt, dezimiert sich wiederum der Bestand an Füchsen – quasi eine biologische dynamische Rückkopplung. Auch wenn diese Vereinfachung nicht mit der Realität identisch ist: Niemand würde sagen, dass dieses Wechselverhältnis prinzipiell evolutionär schlecht ist, sondern man betrachtet diese als in sich logische Entwicklungszyklen.

Hier kommt nun das Besondere des Menschen hinein, eine tief in uns angelegte und in unseren Gesellschaften kultivierte Empathie. Wenn die Zahl der Menschen sinkt, dann verhindern unser Mitgefühl, unsere Moral und unsere Solidarität, dies als normalen evolutionären Rhythmus zu empfinden und zu akzeptieren – wir suchen

INFORMATIONSLINSE

Forscher testen Displays auf Kontaktlinsen. Anfang 2008 wurde in Washington der erste Test einer Kontaktlinse mit LED-Display durchgeführt, Testobjekt war ein Hase. Die LEDs blenden Informationen direkt auf der Linse ein, der Träger könnte z.B. direkt mit dem Internet verbunden sein oder die Geschwindigkeit eines anderen Fahrzeugs angezeigt bekommen.

DIGITALHAUT

Mikrochips können Daten speichern und senden. Seit 2000 hat die US-amerikanische Firma Applied Digital Solutions die Freigabe für ihren „VeriChip" zum Einsatz im Pflegebereich. Auf Reiskorngröße wird er Risikopatienten unter die Haut gesetzt, er kann deren medizinische Daten prüfen und per Funk ein Notsignal mit Positionsbeschreibung senden. Derzeit wird der Chip auch bei seltenen Tierarten zur Positionsbestimmung benutzt, eine Ausstattung von Gefangenen im offenen Vollzug scheiterte an den Kosten. Weitere Entwicklungen sollen folgen: Kleine Touch-Screens, die mit dem Chip zusammen unter die Haut gesetzt werden können.

nach Auswegen.

Als Mensch solche Ethik zu haben ist aber sicher nicht falsch. Die Gefahren, die uns bedrohen und die Konflikte, die wir auslösen, liegen nicht ursächlich im Geiste des Menschen. Es sind Fehler in den Systemen und statischen Denkmodellen, die wir uns selbst geschaffen haben, und die unsere Lebendigkeit blockieren. Dies sind die mechanistischen Konstruktionen wie z.B. die Vorstellung einer Wirtschaft, die auf unbegrenzte Expansion gerichtet ist, insbesondere von Geld. Eine unbegrenzte Expansion schafft auf einer räumlich begrenzten Erde gewisse Schwierigkeiten – bislang gab es ein Wechselspiel zwischen quantitativem und qualitativem Wachstum, das mit den ökologischen Grenzen des Lebensraumes und den Beziehungen der Spezies untereinander verhandelt werden musste. Wir haben Systeme geschaffen, die uns aus diesen Zusammenhängen heraus katapultiert haben. Und in diesen Systemen Veränderungen zu erreichen, wird sehr schwierig. Die Instrumente des Teufelskreises führen nicht aus ihm heraus. Wir haben einen systemischen Denkfehler, den wir erkennen müssen um uns dann anzupassen.

Aber wie soll man sich der Komplexität der Herausforderung nähern, diese Systeme zu verändern?

Ich verwende häufig das Gleichnis der drei Probleme, die sich unserem Denken und Handeln in den Weg stellen. Das eine bezeichne ich als das "Komplexitätsproblem". Alles hängt mit Allem zusammen und das macht es unwahrscheinlich schwierig – ab einem gewissen Niveau unmöglich – Zusammenhänge kausal und linear zu beschreiben. Unsere erlernte Denkweise ist aber kausal und progressiv linear ausgerichtet. Wir haben also Schwierigkeiten, diese Zusammenhänge – von Ökologie, Unschärfeprinzipien, kultureller Interaktion – in unser Denken zu übersetzen. Im Augenblick scheitern wird daran. Das zweite Problem ist das "Gleichzeitigkeitsproblem". Wenn wir Dinge und Prozesse verändern wollen, dann müssen wir ganz viele Zusammenhänge und Handlungsebenen gleichzeitig verändern. Es funktioniert nicht, nur die Politik ohne die Wirtschaft zu verändern oder den Umgang mit unseren ökologischen Ressourcen zu verändern, ohne Wirtschaft, Politik und Konsumleitbilder zu verändern. Diese Veränderungen müssen

NAHRUNG DER ZUKUNFT I

Industriell hergestellte Algen aus Ostdeutschland. Im ostdeutschen Klötze steht die größte Algenfabrik der Welt. Die hier produzierten Algen sind wenige tausend Millimeter große Mikroalgen, die als Nahrungsergänzung Einsatz finden. Durch die gewächshausartigen Produktionshallen schlängelt sich eine 500 km lange, armdicke Glasröhre, in denen die Algen im Wasser schwimmen. Licht und zugesetztes Kohlendioxid lassen die Algen wachsen. Bis zu 350 kg Algenpulver werden in der Anlage pro Tag hergestellt.

DIE NAHRUNG DER ZUKUNFT II

Biodiesel-Abfall als Nahrungsmittel: Tempeh ist ein vitamin- und eiweißreiches traditionelles indonesisches Nahrungsmittel, hergestellt aus fermentierten Sojabohnen. Forschungen des Fachbereichs Lebensmitteltechnologie der Fachhochschule Fulda zeigen, dass sich die Pressrückstände von Raps genauso gut zur Herstellung von Tempeh eignen, wie gepresste Sojabohnen. Die in Deutschland stetig steigende Produktion von Biodiesel aus Rapsöl bedeutet auch eine steigende Menge des entsprechenden Abfalls, jedes Jahr fallen mehrere Millionen Tonnen Pressrückstände an. Bis jetzt war Tierfutter die einzige Verwendung für diesen Abfallberg. Nun kann aus den Pressrückstände Tempeh hergestellt werden: Aus Abfall in wird ein nahrhaftes und potenziell wertvolles Lebensmittel für Menschen.

synchronisiert werden, oft nach und nach und über eine längere Zeitperiode – was ihre Etablierung enorm erschwert. Das Gleichzeitigkeitsproblem hängt aber zugleich eng mit dem Komplexitätsproblem zusammen. Wir benötigen sehr viel Zeit, brauchen teilweise Generationen, um neue Lösungen zu entwickeln, zu überdenken, verstehen zu lernen. Und jetzt kommt das dritte Problem hinzu, welches ich "Geschwindigkeitsproblem" nenne: Wir müssen eigentlich sehr schnell handeln. Der sich rasant dynamisierende Klimawandel bedroht uns ganz konkret schon innerhalb der nächsten 10 Jahre, und danach mit zunehmender Massivität. Wenn wir also nicht akzeptieren wollen, dass die Bevölkerungskurve der Menschen sich wie die der Füchse verhält, dann müssen wir uns sehr schnell verändern. Dabei dürfen wir die Probleme von Gleichzeitigkeit und Komplexität nicht übergehen, denn sonst scheitern wir. Es können also nur Lösungen sein, die erstens kurzfristig Wirkung zeigen, zweitens dynamische Synchronisierungen weiterhin und langfristig zulassen, und drittens Komplexität und Unterschiedlichkeit nicht vorauseilend reduzieren.

Wir wissen, dass wir in einem äußerst fragilen System leben und aus den Handlungen der Vergangenheit viele negative Folgen entstanden. Führt das nicht zu einer Handlungsblockade, weil wir aus der Vergangenheit wissen, dass wir die Folgen unseres Handelns gar nicht vollständig einschätzen können?

Eine wichtige Lektion wäre, dass wir genau diesen fragilen, instabilen Zustand unserer Natur akzeptieren und wertschätzen. Das Fragile ist eine grundlegende Eigenschaft des Menschen und von allem Lebendigen. Starre statische Stabilisierungen, wie im konstruktiven System eines Stahlbetonbaus, bewähren sich im Lebendigen nicht – und letztlich ja auch nicht in der Architektur. Im Lebendigen finden wir dynamische Stabilisierungen, die sich am einfachsten beim Laufen demonstrieren lassen: Im Lauf stürzt der Mensch bei jedem Schritt von einer Instabilität in die nächste. Jeder Schritt, jedes Fußaufsetzen, ist zugleich eine dynamische Stabilisierung der permanent neu entstehenden Instabilität. Das ist eine kooperative Integration von Unterschiedlichkeit. Wir als Lebewesen können so etwas, deshalb sind wir kreativ, deshalb können wir empathisch und individuell zugleich sein. Wir müssen

IN DER NATUR

uns auf lokaler Ebene kulturell wie wirtschaftlich wieder neu erfinden und dabei global gut zusammen spielen. Vielheit mit Differenz, Kreativität mit Kooperation, Wissen und Erfahrung mit Veränderung und Anpassungsfähigkeit – so funktioniert der gesamte
lebendige Komplex.

ADRIENNE GOEHLER

*1955, Publizistin und Kuratorin. Von 1989-2001 Präsidentin der Hochschule für bildende Künste in Hamburg und von 2001-2002 Senatorin für Wissenschaft, Forschung und Kultur des Landes Berlin. Von 2002-2006 war sie Kuratorin des Hauptstadtkulturfonds. Sie studierte Germanistik, Romanistik und Psychologie. Sie ist Autorin des Buchs „Verflüssigungen – vom Sozialstaat zur Kulturgesellschaft" (Campus 2006).

CLAIMS ZUR SELBSTVERSORGUNG

Dessau hat immer weniger Einwohner. Gebäude werden abgerissen, Landschaften kehren in die Stadt zurück. Wer pflegt die neu entstandenen Grünflächen? Die öffentlichen Mittel einer schrumpfenden Stadt sind dafür begrenzt. Die Stadt Dessau geht neue, experimentelle Wege: Die Freiflächen heissen „Claims", und interessierte Bürger, lokale Unternehmen oder Vereine können sich mit ihren Nutzungsideen um Patenschaften bewerben – privat dürfen die Flächen allerdings nicht genutzt werden. So werden aus innerstädtischen Brachflächen Räume für Begegnungen, Selbstversorgung, soziale Interaktion, Naturerlebnis oder Gemeinschaftsgärten.

AM MARKT

„Die Lösung liegt in einer Vielzahl kleiner Interventionen."
Im Gespräch mit ADRIENNE GOEHLER

In Ihrem Buch „Verflüssigungen" beschreiben sie das Versagen der großen politischen Lösungen und die Erosion des Sozialstaates, der mit dem unwiederbringlichen Verlust von Vollerwerbstätigkeit einhergeht. Auf dieser Grundlage entwerfen Sie die Vision einer Kulturgesellschaft. Worauf basiert dieser Gesellschaftsentwurf?

Der Entwurf einer Kulturgesellschaft basiert auf der Analyse der Gegenwart: In den Hochpreisländern existieren – quer durch alle Schichten – gesicherte, lebenslange Anstellungsverhältnisse nur noch im Ausnahmefall, denn durch die Globalisierung sinkt die bislang vorherrschende industrie-kapitalistische Produktion. Sarkastisch gesprochen bilden die Künste und Wissenschaften dabei die Avantgarde der „neuen Arbeit", die mit meist prekären Verhältnissen einhergeht. Wir müssen also andere ökonomische Modelle für die veränderten neuen Lebens- und Arbeitstätigkeiten finden, erfinden, oder alte Modelle wiederbeleben: Tauschverhältnisse, Subsistenz und Subsidiarität. Plurale Ökonomien also, denn die ungesicherten Projektzusammenhänge werden sich auf immer mehr Berufsgruppen ausweiten.

Was können wir dabei von den Arbeitsbedingungen der Kulturschaffenden lernen?

Nicht von deren Bedingungen, die können wir nur nüchtern bilanzieren: Der durchschnittliche Verdienst der Kunst- und Kulturschaffenden ist so niedrig, dass er sicher nicht als Vorbild dienen sollte. Lernen können wir aber von ihrer experimentellen Arbeitsweise, von ihrer Spezialisierung auf Zwischenzustände und Zwischengewissheiten; von dem Entwerfen und Verwerfen, dem produktiven Irrtum. Dieses Arbeiten ist nicht nur auf das Ergebnis, sondern auch auf den Prozess gerichtet. Man bewegt sich erst einmal in einem ungesicherten Raum. Das wird für immer mehr Menschen Realität werden, die allerdings weit weniger auf diese Unsicherheit vorbereitet sind.

STADT DER SKLAVEN

Das niederländische Künstlerkollektiv Atelier van Lieshout hat eine Stadtvision für das 21. Jahrhundert entwickelt, die sie als „dystopisches Projekt" beschreiben: „Äußerst rational, effizient und profitabel". „Slave City" soll auf einer Fläche von 60 Quadratkilometern eine Bevölkerung von bis zu 200.000 Personen umfassen. Es ist eine „kreative Stadt" mit Universitäten, Schulen, Gesundheits- und Einkaufszentren, Dörfern, Bordellen und Museen. Und auch eine „grüne Stadt", in der keine Ressourcen importiert werden müssen: ihr kompletter Energiebedarf wird aus der Nutzung von Biogas und Biodiesel, Solar- und Windenergie gewonnen, sie produziert eigene Nahrung und Trinkwasser. Alles wird vollständig wiederverwertet, auch die Bevölkerung.

Die Bewohner arbeiten täglich sieben Stunden im Dienstleistungsbereich und anschließend sieben Stunden auf den Feldern, Werkstätten oder in der Überwachung. Es bleiben sieben Stunden für Schlaf und drei Stunden für Freizeit. Die „Teilnehmer" werden mit dem Ziel der Profitmaximierung ausgebeutet, ein strenges Überwachungssystem sorgt dafür, dass jede Regelverletzung drakonisch bestraft wird. Aus dem berechneten jährlichen Profit von 7,8 Milliarden Euro, den die 200.000 Teilnehmer erwirtschaften, wird der Stadtbevölkerung ein Kunstetat in Höhe von jährlich 78 Millionen Euro zur Verfügung gestellt werden.

GRUNDEINKOMMEN IN NAMIBIA

In Europa wird über die Idee des Grundeinkommens debattiert, in Afrika wird sie ausprobiert: Seit Januar 2008 erhält jeder Bewohner des Hüttendorfs Omitara monatlich 1.000 Namibische Dollar als Grundeinkommen – ohne weitere Bedingungen. Die Organisatoren, das Sozialprojekt Basic Income Grant (BIG), erhoffen sich von der „experimentellen Existenzhilfe" einen „Impuls zur Selbsthilfe", um den sozial schwachen Bewohnern des Dorfs aus der Armut zu helfen. Das Einwohnerkomitee hat ein Beratungsbüro eingerichtet, dass den Empfängern vor allem zum Kauf von Medikamenten rät und vor dem Besuch der so genannten Shebeens, der Kneipen, warnt. Es wird genau beobachtet, in wie weit das Grundeinkommen zu einer Verbesserung der Lebensverhältnisse beiträgt. Bei einem Erfolg des Experiments

Eine Veränderung, die schnell zu einer Selbstausbeutung im Dienste des Neoliberalismus führt?

Nur dann, wenn wir leugnen, dass der Sozialstaat, für den die verlässliche Lohnerwerbsarbeit konstitutiv ist, erodiert. An seine Stelle müssen andere Modelle der Selbstermächtigung treten. Die neoliberale Ideologie nenne ich zynisch, da sie behauptet, jeder sei seines Glückes Schmied – ohne dass es für jeden Hammer oder Amboss gebe. Die Frage ist doch eher: Welche Voraussetzungen muss ich schaffen, um das schöpferische Potential eines Jeden zu heben? In den rohstoffarmen Ländern ist die wichtigste – dazu noch erneuerbare – Ressource die Kreativität. Sie wird in den nächsten Dekaden für uns alle an Relevanz gewinnen. Gesellschaftlich wie ökonomisch. Besonders wenn wir davon ausgehen, dass die Versprechen der Dienstleistungsgesellschaft nicht mehr tragen, die klassischen Arbeitsplätze zurückgehen und die Politik damit nicht umzugehen weiß.

Kreativität ist aber ein beweglicher Rohstoff, nicht Bodenschatz oder Vorrat. Wir müssen also Bedingungen schaffen, sie aus den Verliesen rauszuholen, in denen sie durch unsere körper- und sinnfeindliche Schulbildung stecken. Die große Gegenspielerin der Kreativität ist die Angst; Angst vor dem Verlust des Arbeitsplatzes, des eigenen Status, der Verfügbarkeit von Öl, Wasser, Nahrung etc. Wer Angst hat entwickelt keine kreativen Lösungen. Und genau das prägt unsere gegenwärtige gesellschaftliche Verfasstheit.

Was tun?

Die Idee muss wachsen, dass jeder Einzelne etwas bewirken kann und will. Wenn du nicht glaubst, dass du dich selbst aus dem Mangel befreien kannst, dass dein Wissen und deine Gestaltungsfähigkeit gebraucht wird, dann liegt die Kreativität brach. Deshalb bin ich entschieden für individuelle Ermächtigungsstrategien wie Mikrokredite oder ein bedingungsloses Grundeinkommen. Beide versetzen Menschen in die Lage, selbst über ihr Schicksal zu entscheiden.

Sind das kleinere updates an verschiedenen Stellen oder doch eine große Revolution?

käme die Regierung unter Druck, ein solches Grundeinkommen landesweit einzuführen.

MIKROKREDITE

Selbstermächtigung als Weg aus der Armut? Mikrokredite sind sehr kleine Kredite, die Armen den Weg in die Selbständigkeit eröffnen soll. Am bekanntesten ist die von Friedensnobelpreisträger Muhamad Yunus 1976 in Bangladesch initiierte Grameen Bank. Die vergebenen Kredite sind meistens nicht höher als 35 Euro. Statt Hinterlegung von finanziellen Sicherheiten setzen sie auf soziale Kontrolle: Aus einer Gruppe von Bewerbern erhält zunächst nur eine Person einen Kredit. Erst wenn diese regelmäßig ihre Raten bezahlt, erhalten auch die Anderen den beantragten Kredit – die Rückzahlungsquote liegt bei 95%. Nachdem dieses Modell auch in anderen Entwicklungsländern adaptiert wurde, wird es nun auch zur Bekämpfung von Armut in der ersten Welt angewendet – z.B. in der New Yorker Bronx.

POSTPARTNER

„Für pro mente Oberösterreich ist die Integration von Menschen mit psychischen und sozialen Beeinträchtigungen eines der wichtigsten Ziele überhaupt. Mit der jüngsten Übernahme von vier Postämtern gelingt es, die dafür notwendigen Arbeitsplätze zu schaffen. Und zwar direkt in den Heimatregionen der Betroffenen. Damit wird es möglich, für Menschen, die etwa wegen einer psychischen Erkrankung bisher keinen Platz in der Arbeitswelt finden konnten, sinnvolle Beschäftigung zu schaffen und eine Aufnahme in das soziale Leben zu unterstützen. Die Postpartner werden zu Kompetenzzentren für die psychosoziale Versorgung der Gemeinden."

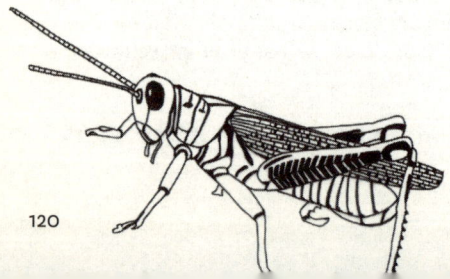

Große Umwälzungen haben immer sehr viele Verluste mit sich gebracht. Ich setze deshalb auf viele unterschiedliche Wege und Lösungen, wie das Dorf Omitara in Namibia, das ein bescheidenes Grundeinkommen einführte oder eine Kleinstadt in Ostdeutschland, die unter hoher Erwerbslosigkeit leidet und die aus Hartz-IV-Mitteln bislang nicht bezahlbare, jedoch gemeinschaftlich relevante Tätigkeiten ermöglicht hat.

Gedeihen solche Ideen nicht eher in urbanen Netzwerken?

Sie begünstigen sie auf alle Fälle. Die Prognosen gehen derzeit davon aus, dass im Jahr 2020 drei Viertel der Weltbevölkerung in Städten leben wird. Die Globalisierung produziert Megastädte und schrumpfende Städte, mit verödeten Landstrichen dazwischen. Die Stadt ist der Ort der Zukunft, weil sie multifunktional ist, divers und offen für unterschiedliche Lebensentwürfe. Ob eine Stadt wächst hängt aber stark davon ab, ob die Bewohner das Gefühl haben, die Stadt mitbestimmen zu können oder ob sie nur in solche Hüllen hinein gepresst werden. Die Konzepte der Zwischennutzung könnten zur Ermächtigung der Bürger viel stärker genutzt werden.
Dasselbe gilt aber auch für die verlassenen Strukturen auf dem Land. Diesen Prozess kann man nur aufhalten, wenn andere Gestaltungsmöglichkeiten geschaffen werden. Ich bin sehr beeindruckt von einem Projekt von Pro Mente, einer österreichischen Organisation für psychische und soziale Gesundheit, die ihren Patienten leichte, aber gesellschaftlich relevante Tätigkeiten vermittelt. Sie können dann etwa die geschlossene Tante-Emma-Läden oder aufgegebene Postämter übernehmen. Es wäre wichtig, solche Experimente zu analysieren und zu übertragen. Experimente, die das Bewusstsein des Einzelnen für sein Können stärken. Darauf setzt die Kulturgesellschaft.

VOLKER HAUFF

*1940, Wirtschafts- und Sozialwissenschaftler. Seit 2001 Vorsitzender des Rates für Nachhaltige Entwicklung der Bundesregierung und Vorstand für den Bereich Infrastruktur & Öffentlicher Sektor der KPMG Consulting GmbH. Volker Hauff war von 1978-1980 Forschungs- und von 1980–1982 Verkehrsminister. Von 1989-1991 war er Oberbürgermeister der Stadt Frankfurt am Main. Seit 1985 ist er Mitglied der "World Commission on Environment and Development" der Vereinten Nationen.

HORIZONTE

„Wenn wir über Stadtgestaltung und große technische Infrastrukturen nachdenken, dann müssen wir auch an Entwicklungen denken, die bis zu 100 Jahren dauern. Und wir sollten wirklich lernen, in solchen Zeithorizonten zu denken."

„Wer Nachhaltigkeit will, muss Streit wagen."
Im Gespräch mit VOLKER HAUFF

Der Nachhaltigkeitsrat berät die Bundesregierung in sozialen,
ökonomischen und ökologischen Zukunftsfragen. In welchen Zeit-
horizonten kann realistisch geplant werden?

Wenn wir in die Zukunft blicken, geht es nicht um das präzise Vorhersage von Entwicklungen, wie sie tatsächlich kommen werden.
Das ist nicht produktiv. Es geht darum, mögliche Entwicklungen
zu definieren und sich dann Gedanken zu machen, was man tun
muss, damit von den möglichen Entwicklungen die wünschens-
werten eintreten. Deshalb müssen wir auch heute Verantwortung
übernehmen für Entscheidungen, die sich erst in mittlerer oder
ferner Zukunft auswirken. In diesem Sinn beginnt ein sinnvoller
Zeithorizont frühestens ab fünf Jahren aufwärts. Es gibt Dinge,
die brauchen 10, 20 oder 30 Jahre, und wenn wir über Stadtgestaltung und große technische Infrastrukturen nachdenken, dann
müssen wir auch an Entwicklungen denken, die bis zu 100 Jahren
dauern – und wir sollten wirklich lernen, in solchen Zeithorizonten
zu denken.
Wir haben alle noch nicht vollständig begriffen, was mit dem Klima los ist. Bis jetzt wurde im Idealfall über die Klimapakete diskutiert und welcher Staat wieviel macht. Aber vermutlich greift
das zu kurz. Bei allen Begriffen, die jetzt in der Diskussion sind –
Equal Emission Rights oder Carbon Justice – geht es um weltweite
Grundrechte mit weltweit ähnlichen oder sogar gleichen Maßstä-
ben. An dieser Zielsetzung kann man schon sehen, wie gewaltig
die Herausforderung ist und wie lange die Diskussionen anhalten
werden. Uns steht also eine sehr schwierige und konfliktreiche
Auseinandersetzung bevor. Aber wer Nachhaltigkeit will, muss den
Streit wagen.

Können sie ein ökologisches, gesellschaftliches Umdenken
feststellen?

Manchmal fürchte ich, den echten Durchbruch werden wir erst erleben, wenn die Folgen des Klimawandels auch hierzulande noch
wesentlich spürbarer geworden sind. Aber wenn wir erst erkannt

BIOSPRIT MACHT HUNGRIG

Bis vor kurzem galt Biosprit als nachhaltiger Ersatz für die Benzinkrise, nun ist er für die weltweit steigenden Lebensmittelpreise mitverantwortlich: Für die Bauern ist es lukrativer, Raps, Mais und andere Pflanzen für Biokraftstoffe anzubauen, Nahrungsmittel werden knapper und teurer. Nach Erkenntnissen des Internationalen Forschungsinstituts für Ernährungspolitik in Washington verursachte die Nachfrage nach Biosprit 2007 bei Getreide einen Preisanstieg um 25 Prozent.

KATASTROPHE

„Tiefgreifende Veränderungen hat es meistens erst gegeben, wenn die Katastrophe bereits eingetreten war."

SCHWÄMME GEGEN HOCHWASSER

Versteckte Hochwasserbarriere. Nach der Wirbelsturmkatastrophe in New Orleans haben die beiden amerikanischen Architekten Mark und Peter Anderson ein einfaches und effektives System zum Schutz gegen Hochwasser entwickelt. „Alluvial Sponge Comb" besteht aus textilen Schläuchen, die mit porösem, stark wassersaugendem Material gefüllt sind. Anders als herkömmliche Hochwasserdämme können die Schläuche in die Uferlandschaften integriert werden und schützen diese gleichzeitig vor Erosion. Steigt das Wasser bei einer Flut bis zur Höhe der Schläuche, saugt sich das Füllmaterial voll, die vorher fast unsichtbaren Schläuche schwellen um ein Vielfaches und bilden einen Damm.

haben, wie grundlegend diese Veränderungen sein werden, die wir dringend vornehmen müssen, dann wird es neue Formen der Verantwortung in Politik, Wirtschaft und Zivilgesellschaft geben. Dann werden wir erkennen, dass ökonomisches Denken in der alten Form weder für uns noch für die dritte Welt besonders hilfreich ist. Die Ökonomie des Klimaschutzes wird sich ganz wesentlich von der Ökonomie unterscheiden müssen, die zum Klimawandel geführt hat.

Es wird also zu wenig passieren, bevor die Klimakrise nicht noch schlimmer geworden ist?

Ja. Wir können ja eine gewisse Erfahrung aus der Menschheitsgeschichte gewinnen und tiefgreifende Veränderungen hat es meistens erst gegeben, wenn die Katastrophe bereits eingetreten war. Anzeichen für die kommende Krise sind doch bereits überall zu sehen: Gewisse Obstsorten können in ihren angestammten Gebieten nicht mehr angebaut werden. In Italien wird diskutiert, die Pflanzen gentechnisch resistenter gegen Dürreperioden zu machen. Und dennoch tun wir uns wahnsinnig schwer, angemessene Gegenmaßnahmen einzuleiten.
Ich glaube, das hängt damit zusammen, dass teuflischer Weise ausgerechnet die Hauptverursacher des Klimawandels auch dessen Profiteure sein werden. Wir werden Ländern wie Bangladesch dringend bei den Adaptionen helfen müssen, weil ein Mehr an umweltbedingter Migration die Welt destabilisieren wird.

Es scheint, als würde vielen Menschen ein ökologischeres Verhalten nur durch ökonomische Anreize plausibel. Zielt die Arbeit des Nachhaltigkeitsrats also vor allem auf die Einführung solcher ökonomischer Anreize?

Nein. Ökonomische Anreize sind ein wichtiger Teil. Aber eben nur ein Teil. Vollständig wird das Bild nur, wenn wir über Verantwortung und ethische Grundsätze unseres Handelns reden, über Wissensmanagement und Neugierde oder über neue Formen politischer Entscheidungsfindung. Ein Beispiel: Unternehmen, die sich mit diesem Thema auseinandersetzen, überschreiten selbst bereits die Grenzen des rein ökonomischen Denkens. Sie sehen von

CLAUDIA KEMFERT

*1968, Wirtschaftswissenschaftlerin. Leitet seit April 2004 die Abteilung Energie, Verkehr und Umwelt am Deutschen Institut für Wirtschaftsforschung in Berlin. Sie lehrt Umweltökonomie an der Humboldt-Universität Berlin. Claudia Kemfert ist als Beraterin von EU-Präsident José Manuel Barroso, sowie als externe Expertin für die Weltbank und die Vereinten Nationen tätig. Sie ist Autorin des Buchs „Die andere Klimazukunft" (Murmann Verlag 2008).

CHANCEN
„Klimaschutz ist auch als wirtschaftliche Chance zu verstehen, nicht nur als Risiko."

sich aus die Notwendigkeit einer breit angelegten „corporate social responsibility", also einer sozialen und ökologischen Nachhaltigkeitsstrategie im ganzen Unternehmen.

„Der Verbraucher hat eine unglaubliche Macht."
Im Gespräch mit CLAUDIA KEMFERT

Als Umweltökonomin beschäftigen sie sich zentral mit den Kosten des Klimawandels für die Wirtschaft. Wie lassen sich diese angesichts der Vielzahl an Szenarien überhaupt einschätzen?

Es gibt dazu durchaus realistische Schätzungen: Bei einer Temperaturerhöhung von nur 2,5 Grad Celsius würden weltweit Schäden in Höhe von etwa 46 Billionen Dollar auftreten. Bei vier Grad Celsius wären es bereits bis zu 200 Billionen Dollar. Die Folgen des Klimawandels werden also in der Tat teuer. Wir können das heute schon beispielsweise an der weltweiten Zunahme von Hitzwellen und Brandkatastrophen beobachten, oder beim Oderhochwasser 1997 in Deutschland, Tschechien und Polen. Brände, Überschwemmungen und Stürme können unsere Zivilisation empfindlich treffen und sehr hohe Kosten verursachen – oder wir beginnen jetzt mit Investitionen in entsprechende Anpassungsmaßnahmen wie Schutzdeiche.

Wird der Klimawandel auch Gewinner produzieren?

Klimawandel bedeutet, dass extreme Klimaereignisse immer häufiger und intensiver auftreten – weltweit. Es wird nur Klimaverlierer geben und wir wären gut beraten, entschlossener vorzusorgen. Denn aus ökonomischer Sicht bietet der Klimawandel auch Chancen: Jede Branche, die jetzt Klimaschutztechnik oder CO_2-freie, innovative Energien anbietet, profitiert derzeit stark. Und da entstehen auch Arbeitsplätze: Unsere Studien zeigen, dass in der Branche der Umweltschutzgüter bis 2030 bis zu einer Millionen Arbeitsplätze entstehen könnten – alleine in Deutschland. Das ist so viel wie die Automobilbranche heute hat. Insofern ist Klimaschutz auch als wirtschaftliche Chance zu verstehen, nicht nur als Risiko.

45 BILLIONEN DOLLAR

Die Internationale Energieagentur fordert Investitionen in erneuerbare Energien. Am 6. Juni 2008 veröffentlicht die Agentur eine Erklärung, in der sie eine „weltweite Energie-Revolution, in der unsere Energieproduktion und unser Verbrauch grundlegend verändert werden", fordert. Nur durch sofortiges politisches Handeln und einen Umbau der Energietechnik in „beispiellosem Ausmaß" sei eine Halbierung der Emissionen bis 2050 überhaupt noch zu erreichen. Zu den notwendigen Maßnahmen erklärt die IEA den verstärkten Bau von Atomkraftwerken, die systematische CO_2-Speicherung in Erdschichten und eine Reduzierung der Verkehrs-Abgase um das Achtfache. Dafür seien weltweite Investitionen in Höhe von etwa 45 Billionen Dollar nötig.

ÖKOLOGISCH INVESTIEREN

Eine Bankgesellschaft mit ökologischer und sozialer Verantwortung - so die Satzung der Umweltbank. Zum Engagement gehören Aktionen wie die Spende von fünf Euro für jeden Neukunden an ein Baumprojekt in Borneo, aber auch ein Kreditportfolio zur Finanzierung von Umweltprojekten, vor allem Energieerzeugung aus regenerativen Energiequellen wie Biomasse, Wind-, Wasser- und Solarkraft. Auch Projekte im ökologischen Haus- und Landbau werden gefördert. Bisher wurden rund 9.000 Ökoprojekte mit einem Kreditvolumen von rund 760 Millionen Euro finanziert. Ende 2007 zählte der Kundenstamm 60.000 Mitglieder.

Also sollten wir alle anfangen, jetzt in die Klimaschutzbranche zu investieren?

Ja, und es gibt genügend Unternehmen, die das bereits tun und damit Gewinne in Milliardenhöhe erzielen. Wir müssen wirtschaftlich sowieso weg von fossiler Energie – Öl und Gas werden in absehbarer Zeit für viele Produkte zu teuer sein. Wir werden also in die Erforschung alternativer Energien und umweltfreundlichere Technologien investieren müssen. Hier fehlen weltweit immer noch langfristige, politische Anreize.

Wenn das von den Unternehmen bereits so wahrgenommen wird, wieso investieren dann noch nicht genügend Konzerne in die Forschungsbereiche Solarenergie oder Wasserstofftechnik?

Bislang waren die Preise für fossile Energien einfach zu niedrig, um alternative Technologien entsprechend zu fördern und auf den Markt zu bringen. Hier hätte der Staat eingreifen und entsprechende Gelder und Förderungen in die Entwicklung neuer Techniken investieren müssen bzw. die Preise für fossile Energien künstlich erhöhen – letzteres ist ein sehr unbeliebtes Thema. China baut derzeit im Schnitt jede Woche ein Kohlekraftwerk, weil z.B. ein solarthermisches Kraftwerk derzeit noch deutlich teurer ist. Technischer Fortschritt wird sich immer nur dann durchsetzen können, wenn er finanzierbar ist. Aber: Je mehr die Technik zum Einsatz kommt, desto niedriger werden die Kosten. Wichtig ist, dass der Staat die richtigen Anreize setzt, die Forschung vorantreibt und CO_2-freie Energien wirtschaftlich attraktiv macht. Das regelt der Markt leider nicht alles von allein.

Können außer der Politik nicht auch die Konsumenten Druck auf die Wirtschaft erzeugen?

Natürlich. Je mehr Menschen nach nachhaltigen Produkten fragen, desto schneller werden es die Unternehmen anbieten. Die Verbraucher haben eine unglaubliche Macht und können durch klimabewusstes Kaufverhalten die Wirtschaft komplett umkrempeln. Die Unternehmen werden Klimaprodukte – regionale Produkte, Öko-Strom oder klimaneutrales Fliegen – anbieten, wenn

DEUTSCHLANDS BIER

Die erste Solarbier-Brauerei. Bei der Herstellung des fränkischen Felsenbräu werden 96-100% des gesamten Energiebedarfs ohne Verwendung fossiler Brennstoffe gedeckt, u.a. wird mit den beim Brauprozess anfallenden Gasen eine Biogasanlage betrieben. Für die Getränkekühlung sorgt ein traditioneller Eiskeller: Im Winter wird Wasser auf ein Metallgerüst gesprüht und das Eis bis zum Sommer in den alten Felsenkellern gelagert. Ein Logo auf den Schraubverschlüssen zeigt, dass Felsenbräu die EU-Nachhaltigkeitsstandards erfüllt.

die entsprechende Nachfrage da ist. Wichtig ist dabei vor allem Transparenz: Der „carbon footprint" muss sichtbar werden. Wieviel Treibhausgas entsteht bei Herstellung und Transport eines Produktes? Dem Verbraucher müsste anhand eines Etiketts gezeigt werdeb, ob es sich um ein klimafreundliches Produkt handelt. Wenn dann alle Verbraucher nur noch klimafreundliche Produkte kaufen, wird der Markt für Klimaprodukte boomen – nur so kann der Teufelskreis durchbrochen werden. Das eigene Tun kann sehr viel ändern.

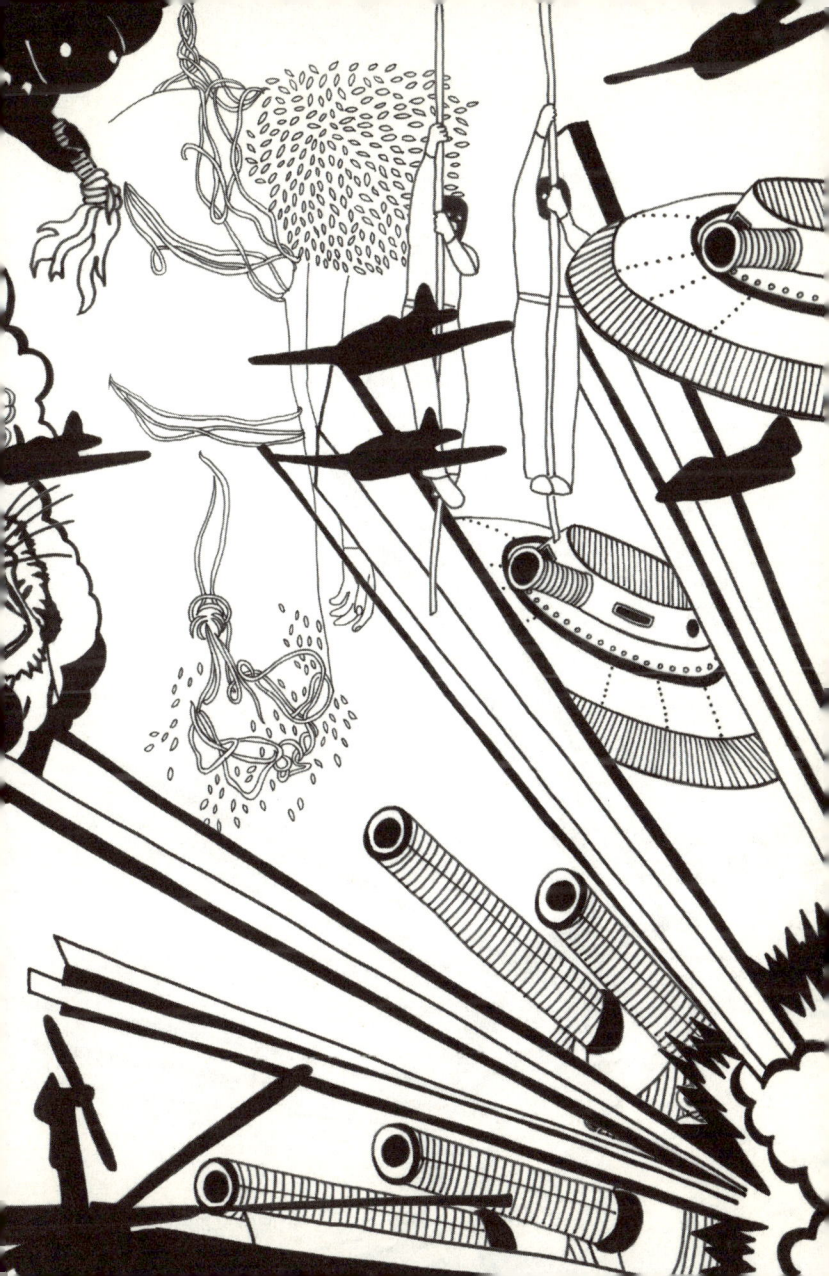

HERFRIED MÜNKLER

*1951, Politikwissenschaftler. Seit 1992 Professor für Theorie der Politik am Institut für Sozialwissenschaften der Humboldt-Universität zu Berlin. Herfried Münkler widmet sich vorwiegend der politischen Ideengeschichte und der Theorie des Krieges. Dazu hat er u.a. die Bücher „Die Neuen Kriege" (Rowohlt 2002), „Der neue Golfkrieg" (Rowohlt 2003) und „Imperien. Die Logik der Weltherrschaft" (Rowohlt 2005) veröffentlicht.

AUF DEM SCHLACHTFELD

AUF DEM SCHLACHTFELD

„Künftige Kriege werden asymmetrische Konflikte sein"
Im Gespräch mit HERFRIED MÜNKLER

Wie können wir uns die Kriege der Zukunft vorstellen?

Unsere Erinnerungen an die Kriege der Vergangenheit – bei den Deutschen vor allem Erster und Zweiter Weltkrieg – greifen als Imagination für die Zukunft ins Leere. Solche Auseinandersetzungen wird es vermutlich nicht mehr geben. Künftige Kriege – wenn man überhaupt noch von „Kriegen" sprechen kann werden asymmetrische Auseinandersetzungen zwischen ganz unterschiedlichen Akteuren nach dem Modell „David gegen Goliath" sein. Wir, der Westen, sind Goliaten: hochgerüstet und gut trainiert. Die Angreifer sind als solche nicht auszumachen; sie tarnen sich als Zivilisten. Goliath hat gegen sie nur eine Chance, wenn er sich mit einem Relikt der nordischen Mythologie ausstattet: Der Tarnkappe. Damit wird er beinahe unsichtbar und schwer erreichbar. Er kann sich dadurch technologisch gegen menschliche Verluste weitgehend absichern.

Dieses Modell eines asymmetrischen Konflikts findet drei unterschiedliche Ausformungen: „Ressourcenkriege" zwischen Warlords, die untereinander ihre Claims verteidigen; „Pazifizierungs- und Abrüstungskriege", die von Weltordnungsmächten aus den Wohlstandszentren heraus in der Peripherie geführt werden, um aus ethischen oder strategischen Gründen dort schwelende Konflikte zu beenden; und „terroristische Attacken", bei denen heroische Gemeinschaften aus der Peripherie die Zentren der Wohlstandszonen angreifen und Verwüstungen anrichten.

Überlagern sich im Zeitalter der Globalisierung die Wohlstandsperipherie und die Wohlstandszentren nicht immer stärker?

Die Frage, was Zentrum ist und was Peripherie, entscheidet sich nach dem Maß an Direktionsgewalt von Staatlichkeit. Je mehr Staatlichkeit noch vorhanden ist, desto mehr bewegen wir uns in Prosperitätszentren, und je weniger Staatlichkeit vorhanden ist, desto mehr befinden wir uns in der Peripherie.

SPERRZAUN ZWISCHEN DEN USA UND MEXIKO

Wohlstandsgefälle: In Mexiko betrug das Bruttoinlandsprodukt 2006 8.066 US-Dollar je Einwohner, in den USA waren es 2007 46.460 US-Dollar je Einwohner. Ende 2006 hat US-Präsident George W. Bush ein Gesetz zum Bau neuer Sperrzäune an der Grenze zu Mexiko unterzeichnet. Bis Ende 2008 sollen rund 1.120 Kilometer der Grenze mit einem Zaun und Wachanlagen gegen illegale Einwanderung aus Mexiko gesichert werden. Derzeit sind dort 15.000 Grenzpolizisten beschäftigt. Neben dem physischen Zaun wurde ab Ende Februar 2008 ein 45 km langer, „virtueller" Zaun in Betrieb genommen, der für 20 Millionen Dollar von Boeing errichtet wurde. Er besteht aus 30 Meter hohen mobilen Überwachungstürmen, 3 unbemannten Überwachungsflugzeugen, 50 Fahrzeugen mit Notebooks zum Einsehen der Kamerabilder sowie Radargeräten, Infrarotkameras und Bewegungssensoren. Der virtuelle Zaun soll weiter ausgebaut werden.

Die USA und Westeuropa werden höchstwahrscheinlich auch in Zukunft Zentren des Wohlstands sein, weil beide aufgrund ihres gegenwärtigen Reichtums in der Lage sind, die Wirkungen der klimatischen Veränderungen abzufangen. Das gilt auch für andere Katastrophen: Aids ist in Afrika eine Epidemie und bei uns eine individuelle Krankheit. Demgegenüber greifen in anderen Bereichen der Welt, auch in denen, die auf Grund einer wachsenden Bevölkerung als zukünftige Wohlstandszonen ausgemacht worden sind, die Folgen des Klimawandels in verheerender Weise.

Klimakatastrophen, Wohlstandsgefälle, Migrationsdruck sind die Schlagworte, mit denen zukünftige Konflikt- oder Schlachtfelder benannt werden. Wenn man diesen vermeintlichen Automatismus nicht ohne weiteres hinnehmen will, stellt sich eine einfache Frage: Wie können wir zukünftig Kriege und Konflikte zwischen Peripherie und Zentrum verhindern?

Die Imperien müssen lernen, abflachende Ränder zu schaffen. Das unmittelbare Aneinanderstoßen von Elend und Reichtum, vielleicht nur durch eine Mauer getrennt, gilt es unbedingt zu vermeiden, denn an solchen Grenzen wird es notorisch zu Gewalt kommen. Man muss flexible Grenzräume schaffen, nicht eine Grenzlinie. Gleichzeitig muss in die vorgelagerte Peripherie investiert werden, um Armuts- und Elendsflüchtlinge in Verhältnisse zu bringen, in denen sich ihr Leben spürbar bessert. Wir haben ein politisches Interesse, die europäische Peripherie, also insbesondere die bevölkerungsreichen und demographisch dynamischen Regionen des Nahen und Mittleren Ostens und vor allem das subsaharische Afrika, zu stabilisieren, damit es nicht zu der vorhergesagten Verzehnfachung der Bevölkerungsbewegung gegenüber dem gegenwärtigen Niveau kommt. Die europäische Südgrenze wäre dann wohl nur noch gewaltsam zu halten.
Wir müssen deshalb unbedingt verhindern, dass es zu demographischen Blasen des Elends kommt, in denen – wie im Gaza-Streifen – ein Überhang an Jugendlichen ohne jede Entwicklungsperspektive existiert. Aus deren Perspektivlosigkeit entsteht Gewaltbereitschaft. Wir müssen dafür sorgen, dass diese Gesellschaften einen gewissen Wohlstand erreichen und dass die Eltern im statistischen Mittel nur noch zwei Kinder haben wollen, um den

GRENZPOLITIK
„Eine kluge Grenzpolitik fördert deshalb die langfristige Stabilität der Peripherie."

STADTVERDOPPELUNG KABUL
Afghanische Regierung plant ein neues Kabul. In der afghani-
schen Hauptstadt Kabul wohnen derzeit über 4 Millionen Menschen – obwohl nur für eine halbe Million Platz ist. Eine nur 20
Kilometer entfernte Neustadt, Dehsabz, soll nun für Wohnraum und Arbeitsplätze sorgen. Ziel ist die erste „öko-neutrale"
Hauptstadt der Welt. Wohnen und Arbeiten sollen gemischt
sein, traditionelle Mikrolandwirtschaft neben Hochtechnologie
existieren, Energieversorgung durch Solarenergie, Windräder
und kleine Wasserkraftwerke. Nicht nur ökologisch, auch sozial
soll Dehsabz nachhaltig sein: „Für junge Männer, die nichts zu
verlieren und nur ein Leben in Armut als Perspektive haben, sind
anti-staatliche Elemente, die sie und ihre Familien mit Gewinnen
aus dem Drogenhandel finanzieren, unwiderstehlich. Dehsabz
wird diesen jungen Männern eine Alternative bieten: Ehrliche,
ehrbare Arbeit." Soziale Nachhaltigkeit wird dabei als Bestandteil der nationalen Sicherheitspolitik definiert.
Die neue Doppelhauptstadt soll das Beste aus „beiden Welten"
verbinden: Das alte Kabul, vom Druck der Überbevölkerung befreit, soll als afghanischer Kulturschatz „liebevoll restauriert
und konserviert" werden. Das Projekt wurde von Hamid Karzai
bereits 2006 initiiert, bis 2009 sollen Verträge mit internationalen Entwicklungsgesellschaften abgeschlossen sein.

AUF DEM SCHLACHTFELD

erlangten Wohlstand nicht zu gefährden. Wenn es nicht gelingt, ein gewisses Maß an Stabilität und diese Wohlstandsperspektive in den Peripherien zu schaffen, dann werden wir voraussichtlich ein gewaltiges Migrationsproblem bekommen. Denn die zu erwartende Immigration aus der südlichen Peripherie Europas wird nicht in unsere Sozialsysteme und Arbeitsprozesse integrierbar sein und deshalb relativ schnell zur Xenophobie führt. Dann würde das – heute noch gelegentliche – Rammen von Flüchtlingsbooten durch die Küstenwache der Europäer zum Normalfall werden.

Eine kluge Grenzpolitik fördert deshalb die langfristige Stabilität der Peripherie. Vieles, was an Entwicklungshilfe geleistet worden ist, ist folgenlos versickert. Wenn wir etwas Vernünftiges für diese Länder tun wollen, müssen wir uns darum bemühen, dass sie korruptionsresistente Eliten bekommen, die in der Lage sind, in diesen Ländern langfristige Sicherheiten zu schaffen.

Wie erreichen wir das Ihrer Meinung nach?

Was die Bewirtschaftung ihrer Peripherie anbetrifft, sind die Europäer derzeit offenbar auf einem zukunftsfähigeren Weg als die Vereinigten Staaten, die darauf vertrauen, mit ihrer militärtechnologischen Überlegenheit die Probleme in den Griff zu bekommen. Die europäische Lösung setzt viel stärker auf den Aufbau verlässlicher Sicherheitsorgane in den betroffenen Ländern, etwa in Afghanistan. Die Amerikaner gebrauchen hingegen ihr überlegenes Militär, um Bedrohungen abzuwehren. Zugespitzt formuliert: Die Amerikaner investieren in Kampfbomber und -drohnen, während die Europäer eher in Human- und Sozialkapital investieren.

Diese klugen Ansätze der europäischen Politik sind immer wieder grundsätzlich gefährdet, weil sie leicht verletzlich sind und über längere Zeiträume gedacht werden müssen. Sobald dann wieder Taliban-Anschläge im Norden Afghanistans überhand nehmen, wird der langfristige, nachhaltige Ansatz grundsätzlich in Zweifel gezogen – dann denkt man sofort über den Kampf von neuen Waffensystemen und besseren Panzerungen der Fahrzeuge nach. Es könnte eine logische Vorhersage sein, dass sich der Europäische und der US-amerikanische Ansatz auch in Zukunft in dieser Weise ergänzen, bzw. dass diese beiden Ansätze sogar auf beiden Seiten noch ausgebaut werden – dass man sie quasi institutiona-

SICHERES PEKING

Sicherheit für die Olympischen Spiele. Vom 29.06. bis 20.09.2008 werden alle Eingänge der Pekinger U-Bahn mit Sicherheitsschleusen ausgerüstet. Jeder Passagier passiert einen Metalldetektor, Taschen werden im Gepäckscanner geröntgt und Flüssigkeiten dürfen in der U-Bahn nicht mitgeführt werden. Die U-Bahn benutzen täglich 1,5 Millionen Passagiere.

SICHERES MANHATTAN

Ende 2007 wurde im südlichen Manhattan mit der Aufrüstung begonnen: „Dieses Gebiet ist die ökonomische Lebensader unseres Landes. Wir wollen es weniger verletzlich machen," so Raymond Kelly, Leiter der New York City Police. Ziel ist die Installation von 3000 neuen Videokameras, 100 Nummernschild-Lesegeräten und Detektoren für radioaktive Strahlung. 25 Millionen Dollar Kosten sind kalkuliert, 2010 soll das Projekt fertig gestellt sein.

lisiert: Die Amerikaner übernehmen dann den schnellen, militärischen Teil, und die Europäer müssen die langfristige Aufbauarbeit leisten.

Wir stehen einer Welt mit wachsender Ungleichheit gegenüber. Eine Entwicklung, die sich durch den Klimawandel wahrscheinlich weiter verstärken wird. Sie sagen uns neue, asymmetrische Konflikte vorher, in denen, wie sie sagen, „heroische Gemeinschaften aus der Peripherie die Zentren der Wohlstandszonen angreifen und Verwüstungen anrichten". Wie wird sich das auf die Struktur urbaner Räume auswirken?

Das Maß der von den Nutzern öffentlicher Infrastruktur in den Ballungszentren eingeforderten Sicherheit wird wachsen. In dem Maße, in dem wir in Wohlstand leben, werden auch unsere Erwartungen an Sicherheit steigen. Jede kleine Gefahr werden wir in ein Risiko transformieren, das sich berechnen und dann statistisch oder präventiv minimieren lässt. Metalldetektoren an allen U-Bahneingängen ist z.B. eine Präventionsmaßnahme, die man sich leicht vorstellen kann. Auch die Datenerfassung wird wohl immer umfassender werden. Das ist für mich wohlgemerkt keine schöne Perspektive, aber die Entwicklungen deuten doch klar in diese Richtung.
Ungleichheiten in Gesellschaften führen natürlich dazu, dass sich diejenigen, die es sich leisten können, private Sicherheit kaufen. Gated Communities sind schon bekannt, Gated Cities werden folgen. Der Prozess der Privatisierung im Sinne der Kommodifizierung von Sicherheit geht voran. Sicherheit wird ein käufliches und nach Kaufbarkeit auch unterschiedlich verfügbares Gut. In der Theorie der öffentlichen Güter hat man immer gesagt, dass öffentliches Gut ein Gut ist, von dessen Nutzung keiner ausgeschlossen werden kann. Saubere Luft wäre in diesem Sinn ein öffentliches Gut. Aber die Logik des Kapitalismus versucht, öffentliche Güter in Wirtschaftsgüter zu verwandeln. Bei der sauberen Luft sind wir von einer marktwirtschaftlichen Verwertung natürlich noch weit entfernt, aber bei der Sicherheit keinesfalls. Aus dem öffentlichen Gut Sicherheit wird zunehmend ein privates.

BAGDAD GREEN ZONE

Einst war sie das Zentrum von Bagdad, jetzt ist sie der Sicherheitsraum für westliche Ausländer: Die „Green Zone" von Bagdad, ein neun Quadratkilometer großes, nach Außen abgegrenztes Gebiet. Als ultimative Gated Community wird sie zum Muster für die Stadt der Zukunft. Denn im Irak werden nicht nur Stadtteile, sondern auch ganze Städte von den Amerikanern durch Abschottung des Außen zu kontrollierbaren Orten. Die Städte Samarra und Siniyah wurden 2005 mit einem 64 km langen Wall umgeben, nur an wenigen Kontrollposten können die Städte betreten oder verlassen werden. Und so kehrt aus dem „Land of the Free" das Prinzip der Stadtmauer zurück in die Gegenwart – und wie in vormodernen Zeiten werden Bürger und rechtlose Nicht-Bürger voneinander getrennt.

GELANGWEILTE GESELLSCHAFTEN

„Die apokalyptische Perspektive hat ihren Ursprung in einer medial intensivierten Aufgeregtheit, zu denen gelangweilte Gesellschaften wie die unsere tendieren, weil sie permanent Neuigkeiten brauchen."

Dann wird sich die Kultur der Mauern und Zäune, die wir an den Aussengrenzen bereits sehr weit entwickelt haben, nach Innen fortsetzen?

Die Frage ist nicht mehr, ob es zu dieser segmentären Differenzierung kommt, sondern nur noch in welchem Maße und ob es zu einer dauerhaften Trennung kommt. So lange es einen Kreislauf gibt, in dem auf den Abstieg eines Stadtteils eine Revitalisierung folgt, muss uns das nicht erschüttern. Nur wenn sich der Verfall von der Erneuerung dauerhaft abkoppelt, dann wird es gefährlich. Hier muss der Staat ansetzen und den Kreislauf in Gang halten, denn den dauerhaften sozialen Abstieg eines Stadtviertels kann sich kaum eine Stadt leisten. Und noch etwas anderes sollte uns in Unruhe versetzen: In unseren Städten bilden sich Unterschichten, die keine Chance für ihren sozialen Aufstieg mehr sehen, die sich also über Generationen hinweg als Unterschicht verfestigen. Solche Unterschichten wären dann weder über Bildung noch über ökonomische Erfolge integrierbar. Sollten sich solche Desintegrationsprozesse verfestigen, bräuchten wir viel mehr repressive Überwachungsinstitutionen in den Städten – einfach für die Wahrung des Friedens. Das es so weit kommt, sollten wir dringend versuchen zu verhindern.

Manchmal träumt man von dem großen Schritt nach vorne. Realistischer scheint eine Politik der kleinen Schritte – leider eine ebenso pragmatische, wie unromantische Vorstellung. Aber haben wir heute überhaupt eine andere Wahl?

Die Idee, etwas fundamental Anderes zu benötigen, ist eine Form apokalyptischer Perspektive, die uns noch nie gut getan hat. Sie hat ihren Ursprung in einer medial intensivierten Aufgeregtheit, zu denen gelangweilte Gesellschaften wie die unsere tendieren, weil sie permanent Neuigkeiten brauchen. Wir müssen irgendwie unseren Erregungspegel aufrechterhalten.
Der Versuch einer schrittweisen Optimierung von vorhandenen Strukturen, also das kluge Verändern von gegenwärtig verfügbaren institutionellen Arrangements, ist sehr viel besser als der revolutionäre Bruch. Man könnt mit Edmund Burke von einer Beweislastumkehrung sprechen, wie er sie unter dem Eindruck der franzö-

CEM ÖZDEMIR

*1965, Politiker für Bündnis 90/Die Grünen. Seit 2004 Mitglied
des Europäischen Parlaments und Mitglied des Ausschuss' für
Auswärtige Angelegenheiten. Cem Özdemir studierte Sozial-
pädagogik und war von 1994-2002 Mitglied des Deutschen Bun-
destages. 2007 war er Mitbegründer des europäischen „Think
Tank European Council on Foreign Relations".

MIT LUFTDRUCK AUF DER AUTOBAHN

Europäische Innovation mit indischem Geld. Tata, größter Auto-
hersteller Indiens, stellte Anfang 2008 den Kleinwagen „Nano"
vor. Er kostet nur 1.500 Euro, jährlich will Tata 250.000 „Nanos"
für den indischen, chinesischen und südamerikanischen Markt
produzieren. Zwar liegt der Kohlendioxid-Ausstoß mit 97 Gramm
pro Kilometer unter der für 2012 vorgesehen EU-Norm von 120
Gramm, trotzdem sind die Folgen einer Massenautomobilisie-
rung für das Weltklima leicht vorstellbar.
Tata forscht deshalb nicht nur an billigen, sondern auch an um-
weltfreundlichen Autos. Anfang 2007 beteiligte Tata sich mit 20
Millionen Euro an der französischen Firma MDI, die Autos mit
Luftdruckantrieb entwickelt – angeblich effizienter und energiesparender als herkömmliche Verbrennungsmotoren. Zudem
würde sich so der Smog in Städten erheblich reduzieren. Erste
Prototypen soll noch 2008 gebaut werden.

sischen Revolution formuliert hat: „Alles, was neu sein soll, muss beweisen, das es besser ist als das, was besteht."

Das ist das Grunddogma des liberalen Konservatismus geworden, und darin liegt eine gewisse Vernünftigkeit. Bei den generalisierten Gegenentwürfen, die uns in vieler Hinsicht sehr viel schöner, idealer und gerechter erscheinen, haben wir keine Vorstellung von den nicht intendierten Folgen. Das Modell der schrittweisen Optimierung hat sich folgerichtig in den liberalen Demokratien durchgesetzt. Selbst wenn eine größere Radikalität zwingend erscheinen würde, können wir doch tendenziell nicht anders, als vernünftig zu reagieren.

„Ökologie, Nachhaltigkeit und Gerechtigkeit"
Im Gespräch mit CEM ÖZDEMIR

Wenn man den Lebensstil der entwickelten Länder auf die Entwicklungsländer übertragen würde, wäre das schnell vernichtend für Klima und Rohstoffe der Erde. Dann stehen Verteilungskämpfe an. Müssen wir also vor allem Verzicht predigen?

Eine Verzichtsrhetorik ist immer etwas problematisch, weil sich das nach einer Senkung der Lebensqualität anhört. Außerdem werden dadurch auch Machthierarchien zementiert, denn es ist keineswegs dasselbe, wenn die Reicheren und die Ärmeren gleichermaßen auf 5 Prozent verzichten. Hier geht es also auch um Verteilungs- und Zugangsgerechtigkeit. Es wäre doch absurd, wenn wir China sagen: „Wiederholt unsere Fehler nicht, aber wir machen erstmal weiter". Statt dessen sollten wir sagen: „Ihr habt das Recht euch zu entwickeln und mitteleuropäische Lebensverhältnisse anzustreben, aber wir müssen es gemeinsam schaffen, dass wir dabei die Zukunft künftiger Generationen nicht verheizen". Die Diskussion sollte darum gehen, wie wir unsere Lebensqualität erhalten und verbessern. Lebensqualität bemisst sich ja nicht unbedingt daran, wieviel Energie ich verbrauche.

Ließe sich daraus eine Diskussion über eine gemeinsame europäische Identität entwickeln, die zumindest teilweise auf Ökologie und Nachhaltigkeit basiert?

ÖL FÜR NAHRUNG

Andere Länder sind auf Öl aus dem Mittleren Osten angewiesen, die Golfstaaten auf Nahrungsmittelimporte – in Saudi Arabien und den VAE stammen 85% aller Nahrungsmittel aus anderen Ländern. Bahrain, Kuwait, Oman, Qatar, Saudi Arabien und die VAE haben 2007 zehn Milliarden Dollar für Nahrungsimporte ausgegeben. Gleichzeitig wächst die Bevölkerung von 30 Millionen Menschen (2000) auf etwa 58 Millionen (2030). Um von den weltweit steigenden Preisen für Nahrungsmittel unabhängiger zu sein, wollen z.B. Saudi Arabien und die VAE Ackerland in anderen Staaten kaufen. Im Sudan wollen die VAE fast 30.000 Hektar Land urbar machen, in Pakistan sollen für 500 Millionen Dollar weitere 40.000 Hektar gekauft werden. Unruhen wegen Nahrungsmittelknappheit im eigenen Land zwangen Pakistan bereits mehrfach zu generellen Exportstops – die VAE fordern eine Garantie für ihre Lebensmittellieferungen.

KAMPF UM WASSER

Türkei staut Euphrat und Tigris. Das Südostanatolien-Projekt ist das größte regionale Entwicklungsprojekt der Türkei, es umfasst 22 Staudämme, 19 Wasserkraftwerke und Bewässerungsanlagen entlang von Euphrat und Tigris. Das Projekt soll 2010 abgeschlossen sein. Neben der Bewässerung von 1,7 Millionen Hektar Agrarland und 5 Millionen neuer Arbeitsplätze verspricht sich die Türkei von dem Projekt auch eine Kontrolle der beiden großen Flüsse. Die flussabwärts gelegenen Staaten Syrien und Irak befürchten, die Türkei könnte das Flusswasser als Machtinstrument einsetzen – die Speicherkapazität der Stauseen ermöglicht eine fast vollständige Trockenlegung beider Flüsse. Die Türkei baut an allen Staudämmen Flugabwehrgeschütze.

Ja, wenn zu Ökologie und Nachhaltigkeit auch Gerechtigkeit hinzukommt. Die Europäische Union ist ja jetzt bereits das Vorbild für supranationale Staatengebilde, in denen Konflikte nicht mehr militärisch, sondern in nächtelangen Diskussionen geklärt werden. Es wäre eine erstrebenswerte Vision für Europa, wenn wir im 21. Jahrhundert das Zentrum für ökologische Innovationen würden. Das ist auch eine Frage der Glaubwürdigkeit, denn wenn wir von anderen Anstrengungen zum Klimaschutz fordern, dann müssen wir mit Innovationen vorangehen und den jeweiligen technologischen Standard bei uns auch umsetzen. Das wäre ein Signal an die internationale Forschergemeinschaft: Europa ist der Ort, wo alles erforscht und in Modellprojekten erprobt wird, von erneuerbaren Energien über alternative Verkehrskonzepte bis hin zu neuen Wohnformen.

Falls uns so eine rationale Reaktion nicht gelingt, wo sehen Sie dann die Schlachtfelder der Zukunft?

Wenn wir einen so drastischen Klimawandel erleben, wie er uns hier und da prognostiziert wird, dann müssten wir tatsächlich nicht nur mit Massenmigration rechnen, sondern auch mit einer Verschärfung von allen Konflikten, die wir heute bereits haben: Kampf ums Wasser, Kampf um Nahrung , Kampf um Lebensraum, massive Fluchtbewegungen und auf der anderen Seite Abschottung mit einer Militarisierung unserer Gesellschaft. Das wäre dann nicht mehr mit ein paar Schiffen im Mittelmeer zu machen, sondern es würde eher so etwas wie einen eisernen Vorhang geben, der, wenn wir heutige Entwicklungen verfolgen, wohl vermutlich Europa von Afrika trennen würde. Ich hoffe, dass es das alles nicht geben wird.

Aber noch gibt es Grenzen. Und diese werden ja gegenwärtig eher zementiert als aufgelöst. Es gibt ja auch Vorschläge, sehr viel stärker in die Peripherie von Europa zu investieren – etwa in Nordafrika. Um den Flüchtlingen dort bereits ein besseres Leben anbieten zu können. Oder dort bereits Flüchtlingslager einzurichten, die dann über Asylanträge in Europa entscheiden können.

KALTER KRIEG IN DER ARKTIS

Klimawandel macht arktische Rohstoffquellen rentabel. Laut einer Studie des U.S. Geological Survey sollen 30% der weltweit unerschlossenen Erdgas-Reserven und 13% der Ölreserven unter der Arktis liegen. Kohle, Gold und Diamanten werden vermutet. Durch das Abschmelzen von Eisflächen werden die Rohstoffe einfacher und billiger zugänglich, so die Prognose. Das weckt Begehrlichkeiten. Grönland möchte unabhängig werden: „Wir müssen das grundlegende Eigentumsrecht der Grönländer an den Ressourcen des Landes beschützen und das Recht, das Land selbst zu steuern, sichern", so der grönländische Regierungschef Enoksen. Die dänische Regierung hat nun einen Fahrplan für die Unabhängigkeit Grönlands erstellt, die Ende 2008 vom dänischen Parlament ratifiziert werden soll.

Die in der Nähe Grönlands gelegene Hans-Insel wird von Kanada beansprucht. Nachdem die dänische Marine die Insel 2002 und 2003 besucht und eine Flagge gehisst hatte, tauschte der kanadische Verteidigungsminister im Jahr 2005 die Flagge wieder aus. Russische Taucher haben im August 2007 am Nordpol in 4.300 Meter Tiefe ihre Flagge gehisst – der Lomonossow-Rücken, ein Untersee-Gebirgszug von rund 1.800 km Länge, sei die kontinentale Fortsetzung Sibiriens, daher habe Russland das Recht, etwaige Ressourcen unter dem Eis auszubeuten.

Das wäre dann quasi die Vorverlagerung dessen, was schon jetzt zum Teil bei uns geleistet wird. Man lässt die Peripherie, ob nun Südeuropa, Nordafrika oder Länder wie die Ukraine oder die Türkei nicht nur die Arbeit machen, man unterstützt sie auch nicht solidarisch. Das scheint mir kein zukunftstaugliches Modell zu sein und sicher keine erstrebenswerte Vision, dass man die Flüchtlinge zur Sicherung der Wohlstandsfestung Europa schon vor den Grenzen abfangen lässt. Eine erstrebenswerte Vision, auf die man hinarbeiten sollte, ist die Angleichung der Lebensverhältnisse weltweit. Das ist ja unser großes Problem zurzeit: Wachstum in China und Indien bedeutet zunehmenden Verbrauch der fossilen Energieträger. Wenn wir das voneinander abkoppeln könnten, dann hätten wir die Wende geschafft. Und dazu könnte Europa einen entscheidenden Beitrag leisten – weil das Know-How von uns kommt. Das scheint mir eine nachhaltigere Zukunftsvision zu sein.

Wenn wir bei den Zukunftsvisionen sind: Wie können wir uns Europa im Jahre 2108 vorstellen. Wo liegen die Grenzen, wie werden wir politisch und ökonomisch organisiert sein?

Der gesamte Balkan, die Türkei, der Südkaukasus, die Länder Osteuropas, wie Ukraine, Weißrussland, stabile Demokratien sind Mitglieder der Europäischen Union. Innerhalb der EU sind die Länder so weit angenähert, dass die Nationalstaaten zwar einen Organisationsrahmen bieten, aber geringer als heute. Die Kompetenzen für beispielsweise Verteidigungs- und Außenpolitik liegen dann in Brüssel. 2108 hat die europäische Union massive Schwierigkeiten, mit dem aufstrebendem Afrika mitzuhalten, denn Afrika erweist sich als eine „bessere Kopie" von Europa und zieht vorbei, in vielen Fragen. Zum Beispiel hat sich Afrika auf einen riesigen entmilitarisierten Raum geeinigt. Es gibt einen regen Wirtschaftsaustausch und wir versuchen, Menschen nach Europa zu locken, um den Rückgang der europäischen Bevölkerung stärker durch Migration zu kompensieren. Das stößt jedoch an Grenzen, da etwa die Afrikaner weniger Anreize zur Migration haben werden. Es gibt eine Amerikanische Staatengemeinschaft, mit Hauptsitz in Caracas. Es gibt die Afrikanische Union, die staatliche Strukturen hat, es gibt eine Asiatische Union, eine Europäische Union. Es ist ein erstrebenswertes Ziel aller, die Vereinten Nationen zu stärken, da man

DIÉBÉDO FRANCIS KÉRÉ

*1965, Architekt. Gründete den Verein „Schulbausteine für Gando e.V.", um eine Schule für seinen Heimatort Gando in Burkina Faso zu finanzieren. 2004 erhielt er für die Grundschule in Gando den „Aga Khan Award for Architecture". Francis Kéré betreut Projekte im Jemen, in Burkina Faso, Indien und Spanien und lehrt an der Technischen Universität Berlin.

AUF DEM SCHLACHTFELD

erkannt hat, dass man nur auf dieser Plattform die globalen Herausforderungen bewältigen kann. Natürlich geht das nicht ohne Konflikte, aber sie werden friedlich gelöst. Und die Vereinten Nationen sind übrigens von New York nach Afrika gezogen, ein weiteres Zeichen für die neue und wichtige Rolle des Kontinents.

In der Türkei hat sich eine starke deutsche Minderheit gebildet, die sich weigert, die türkische Sprache zu lernen. Die Türkei hat deswegen einen Integrationsbeauftragten, der sich um diese Migranten kümmert. Das Oktoberfest wird mittlerweile auch in Istanbul gefeiert. In Deutschland hat sich die CDU zu einer islamisch-christlichen Union gewandelt. Und die Grünen sind eine Volkspartei geworden, die den radikalen Umstieg auf erneuerbare Energien durchgesetzt haben. Atomenergie gehört der Vergangenheit an. Der Europäischen Gemeinschaft für Kohle und Stahl ist die Europäische Gemeinschaft für Erneuerbare Energien gefolgt. Wir haben die Netze ausgebaut, so dass wir regenerativen Strom transportieren können, der durch Offshore-Windenergie, Wasserkraft in Nordeuropa und Sonnenergie aus Nordafrika erzeugt wird. Das wäre – in Ausschnitten – mein Zukunftsmodell. Sehr utopisch, aber hundert Jahre sind eine sehr lange Zeit!

„Afrika wird aufsteigen wie eine Rakete."
Im Gespräch mit DIÉBÉDO FRANCIS KÉRÉ

Die Überwachung der Grenze zwischen Europa und Afrika wird immer stärker, die Grenzanlagen der spanischen Exklaven Ceuta und Melilla werden immer weiter ausgebaut. Wird das Mittelmeer zu einem Schlachtfeld der Zukunft?

Europa weiß nicht, wie es mit dem Ansturm aus Afrika umgehen soll und sperrt sich ein. Es entwickelt Waffen, um überlegen zu sein und seine Nachbarn bekämpfen und abwehren zu können. Aber Europa sollte sich bewusst sein, dass das nur eine Momentaufnahme ist – morgen kann es schon ganz anders sein. Es wäre sicher nachhaltiger, wenn man gut zu seinen Nachbarn ist. Ich meine das nicht als Drohung. Ihr müsst nicht gut zu den Afrikanern sein, damit ihr morgen in Afrika aufgenommen werdet. Ich würde euch sowieso aufnehmen, da könnt ihr euch sicher sein.

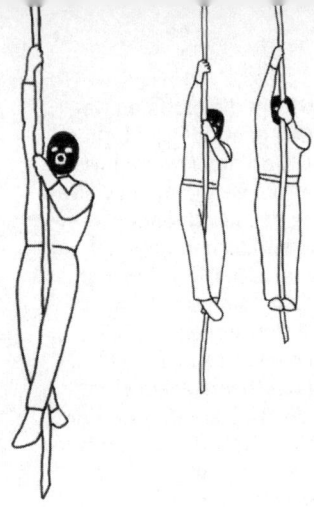

PLANBARKEIT
„Ich weiß nicht, ob die Welt von Morgen planbar ist."

FRONTEX
Seit 2005 hat Europa eine Agentur mit der Sicherung seiner Grenzen beauftragt. Frontex beobachtet und analysiert Flüchtlingsströme, vor allem vor Europas Küsten. Die Zentrale in Warschau untersucht die Routen von Menschenschmugglern und schult Grenzschutzbeamte. Rund 600 Polizisten stehen zu einem befristeten Soforteinsatz bereit. Außerdem haben die Mitgliedstaaten 21 Flugzeuge, 27 Hubschrauber und 116 Schiffe für die gemeinsamen Einsätze zur Verfügung gestellt. Die Mittel für Frontex wuden von 19,2 Millionen Euro 2006 auf knapp 35 Millionen Euro für 2007 aufgestockt.

Was sollte vorher besser gemacht werden?

Den Austausch zu fördern und den anderen als gleichberechtigten Partner zu betrachten. Etwas zu verschenken führt nur zu Abhängigkeiten. Stattdessen sollte Europa dafür sorgen, dass die Menschen in Afrika sich bilden und weiter entwickeln können, um ihre Zukunft selber gestalten zu können. Europa muss sein Wissen nach Afrika bringen – einfach nur ein Haus zu bauen bringt nichts. Die Menschen stehen daneben und sind nicht Teil des Projekts. Ich habe gelernt, wie man gute Häuser bauen kann und ich zeige den Menschen, wie sie mit ihren lokalen Materialien besser bauen können. Bei mir sind die Menschen Bestandteil des Projekts, bis hin zu den Kindern, die oft die Lehmsteine herstellen. Dadurch entsteht eine Identität mit dem Projekt und das ist ein Stück Nachhaltigkeit.

Entsteht aus solchen Projekten ein großer Plan für eine bessere Zukunft?

Ich weiß nicht. Das Projekt in Burkina Faso habe ich aus dem Herzen gestartet. Ich habe es nicht geplant, sondern einfach gemacht. Ich weiß nicht, ob die Welt von Morgen planbar ist.

Aber man kann Stück für Stück daran arbeiten.

Ja. Es wäre schade, wenn man das nicht machen würde. Afrika wird seine momentane Krise überwinden. Afrika wird aufsteigen wie eine Rakete. Ich hoffe, ihr erlebt das – wenn ihr dann kommt, gebe ich euch tolle Jobs. Ich glaube wirklich, dass Burkina Faso in 150 Jahren ein Wohlstandsgebiet sein wird. Wir können dort etwas Dauerhaftes aufbauen, wenn wir unsere Zukunft selber gestalten und nicht nur den Westen imitieren.

Werden die Flüchtlinge in Zukunft denn noch nach Europa kommen wollen oder werden sie sich andere Länder suchen?

Ich denke, sie werden weiter nach Europa gehen wollen. Aber China ist in der letzten Zeit auch zu einem Vorbild für viele Afrikaner geworden, denn es ist eine große Wirtschaftsmacht geworden.

KÉRÉ

TRAUM

„Der Traum jedes Afrikaners ist immer noch Europa – nicht nur wegen des Wohlstands, sondern wegen der Menschenrechte. Die Freiheit in Europa hat eine große Anziehungskraft."

OMAR AKBAR

*1948, Architekt und Stadtplaner. Seit 1998 Direktor der Stiftung Bauhaus Dessau. Er war Professor für Städtebau und Architekturtheorie an der Hochschule Anhalt (FH) in Dessau. Omar Akbar hat seit 1981 in Entwicklungshilfeprojekten gearbeitet und war 1987–1993 Berater für Projekte der Gesellschaft für Technische Zusammenarbeit (GTZ) u.a. in Ägypten, Gambia und Jemen.

BARCODE OF LIFE

USA sammeln genetische Codes. 40-60% aller heute zugelassener Medikamente basieren auf pflanzlichen oder tierischen Wirkstoffen. Seit der Biodiversitätskonvention 1993 müssten Gelder an die Länder gezahlt werden, aus denen die Tiere und Pflanzen stammen. Stattdessen entwickelt die Pharmaindustrie auf Grundlage der natürlichen Vorbider künstliche Moleküle, die sie als Erfindung patentieren lässt. Inzwischen werden auch Patente auf Tiere, Pflanzen und Gencodes angemeldet, was dazu führt, dass deren Verwendung in den Ursprungsländern theoretisch illegal wird – in einem Musterprozess konnte sich die britische Firma „Plant Bioscience" 2002 das Patent für konventionellen Broccoli sichern. In den USA will das International Consortium for the Barcode of Life bis 2013 die genetischen Codes von 500.000 Spezies sammeln – als Bibliothek für die Pharmaindustrie.

Die Leute bauen sogar schon Häuser mit Pagodendächern, weil sie chinesische Filme sehen. Es gibt auch Afrikaner, die zum Studieren nach China gehen oder zum Einkaufen nach Hongkong fliegen. Viele gehen auch in die Golfstaaten zum Arbeiten, die Baustellen dort brauchen Arbeiter. Aber der Traum jedes Afrikaners ist immer noch Europa – und das ist eben nicht nur wegen des Wohlstands, sondern vor allem auch wegen der Menschenrechte. Die Freiheit in Europa hat eine große Anziehungskraft und es gibt sehr viele, die das zu schätzen wissen.

„Nachhaltigkeit ist vielleicht eine Utopie."
Im Gespräch mit OMAR AKBAR

Die Welt ist ein Schlachtfeld – um Energie, Wasser und Zukunftschancen. Was kann die Rolle von Architekten und Gestalter sein?

Im Zusammenhang mit dem Klimawandel werden uns die verschiedensten Katastrophen prognostiziert: Die Hälfte von Istanbul steht unter Wasser, Tokio ist von Erdbeben bedroht. Aids, Krieg, Fundamentalismus, Analphabetismus – es gibt so viele Probleme und manchmal habe ich das Gefühl, dass wir uns eigentlich noch gar nicht ernsthaft damit beschäftigt haben. Wir vergeuden wahnsinnig viel Energie – und damit meine ich auch Bildung. Nahrung, Zeit. Es existiert so viel Dilettantismus, und man sorgt sich nur ums Heute, statt sich Gedanken über Morgen zu machen. Armut, Krieg, Ressourcenknappheit und Klimawandel werden große Bevölkerungsbewegungen hervorrufen. Zurzeit scheint sich Europa abzukapseln. Der mediterrane Raum ist fast ein Kriegsschauplatz geworden. Auch hier habe ich das Gefühl, dass wir sehr dilettantisch und kurzsichtig agieren – man kann nur hoffen, dass wir Ideen entwickeln, wie wir diesen Problemen anders begegnen können.

Welches Verhältnis hat Europa zu den Entwicklungsländern?

Die so genannten entwickelten Länder haben lange Zeit die schlimmsten und undemokratischsten Regime gestützt. Das darf man nicht vergessen. Unter dem Deckmantel einer „friedlichen

VERBRAUCH
„Wir brauchen ein Nachdenken über unseren Verbrauch, der in keinem Verhältnis zu dem Verbrauch anderer Regionen der Welt steht."

SCHIFFSFRIEDHOF
Chittagong ist der größte Seehafen Bangladeschs. Direkt neben dem Hafen hat sich seit den 1980er Jahren eine Industrie für Schiffsrecycling angesiedelt – die Schiffe werden direkt an den Strand gezogen. Arbeiter zerschneiden die Schiffe komplett, dann ziehen sie die Teile mit Seilen und Stricken auseinander. Etwa 30.000 Menschen arbeiten in den 22 Recyclingwerken, etwa 80 Tanker und Hochseeschiffe werden im Jahr recycelt. Die Öltanker müssen ihre Lagerräume auf der Hinfahrt offen lassen, damit Giftstoffe durch die natürliche Ventilation auf See neutralisiert werden – dennoch sind Explosionen beim Schweißen der Hauptgrund für die über 1.000 Toten in der Recyclingindustrie seit 1996. In den westlichen Ländern, aus denen die meisten Schiffe in Chittagong stammen, ist das Auseinanderbrechen solcher Schiffe aus Umweltschutzgründen verboten. In Bangladesch gibt es kein Eisen, das Land ist auf das recycelte Material angewiesen.

SCHULBAUSTEINE FÜR GANDO E. V.
Ein Verein fördert den Bau von Schulen in Afrika. Initiiert vom Architekten Francis Kéré, finanziert und organisiert Schulbausteine für Gando den Bau von Schulen in Burkina Faso. Dabei wird die traditionelle Lehmbautechnik behutsam weiterentwickelt, lokale Materialien werden mit neuen Konstruktionsprinzipien ergänzt. Die Bauarbeiten werden von jungen Menschen

Koexistenz" wurden Regime und Despoten ignoriert, weil die geopolitischen und natürlichen Ressourcen ihrer Länder benötigt wurden und noch immer benötigt werden. Dieses Verhältnis muss zwingend verändert werden. Wieviel Energie verbraucht ein Amerikaner, ein Europäer und wieviel ein Afrikaner? Wir brauchen nicht nur alternative Energiequellen, sondern auch ein Nachdenken über unseren Verbrauch, der in keinem Verhältnis zu dem Verbrauch anderer Regionen der Welt steht.

Wie können wir den Ländern helfen, in denen Korruption immer noch eine Hauptquelle des Einkommens ist und in denen die Schere zwischen bitterster Armut und dem Reichtum der herrschenden Klassen immer weiter auseinander klafft? Ich habe vier Jahre lang in einem Slum gearbeitet und ich weiß, wie schwer es ist, die lokalen Politiker für diese Themen zu interessieren – vor allem, wenn korrupte Machtstrukturen, ethnische Differenz und Ignoranz gegenüber sozialen Problemen vorherrschen. Es ist unglaublich schwer, Politikern und Bürokraten verständlich zu machen, dass in den Slums und Lagern nicht Ungeziefer, sondern Menschen leben, die ein Recht auf adäquate Infrastrukturen haben. Es ist wichtig, vor Ort Menschenrechte und demokratische Werte zu vermitteln. Wir sollten uns daher immer wieder fragen, ob unsere Projekte den Menschen wirklich helfen, oder ob wir mit dem Geld und den Hilfsleistungen die dort bestehenden undemokratischen Strukturen stabilisieren. Hilfsleistungen müssen an Forderungen wie die Einhaltung von Menschenrechten und die Bekämpfung von Armut und Korruption gebunden werden. Werden diese Bedingungen nicht erfüllt, sollte es keine Hilfsleistungen geben. Wir sollten uns auch fragen, wie die Bilanz der gemachten Hilfsleistungen aussieht? Welche strukturellen Veränderungen haben sie tatsächlich gebracht?

Wir wollen gerne an die Summe der kleinen Schritte glauben. Angesichts der Probleme, denen wir gegenüber stehen, ist das aber auch frustrierend. Benötigen wir vielleicht doch eine Revolution?

Es ist gut, dass sie diese Frustration fühlen. Aber die Chance liegt dennoch in diesen kleinen, wunderbaren Ansätzen. Das löst die riesigen Probleme natürlich nicht, aber die Idee ist da und pflanzt sich hoffentlich fort. Wir können Referenzprojekte schaffen – sie

aus dem jeweiligen Ort ausgeführt – so fördert der Architekt nicht nur eine effizientere und umweltfreundlichere Version der konventionellen Architektur in der Region, sondern auch wirtschaftliche und pädagogische Nachhaltigkeit.

RADIKALITÄT
„Sind unsere Experimente konsequent genug?"

sind vielleicht klein, aber es gibt viele davon und wir lernen voneinander. Und was wäre denn die Alternative? Einer großen, allgemeingültigen Utopie nachzujagen? Die Demokratie ist für mich eine Utopie. Nachhaltigkeit ist vielleicht auch eine Utopie. Positive Bilder von der Zukunft zu haben ist wichtig. Ich glaube, das sind die Utopien die wir haben; und Utopien zu verwirklichen, das wissen wir, ist eine beständige Annäherung, es ist unsere Sehnsucht. Wir sollten die kleinen Schritte als euphorische Experimente sehen. Ich sehe da sogar eine großartige, europäische Tradition des Experimentierens. Meine Frage wäre eher: Sind unsere Experimente konsequent genug?

Diese Publikation erscheint anlässlich des deutschen Beitrags „Updating Germany" zur XI. Internationalen Architekturbiennale in Venedig 2008: „Out There. Architecture Beyond Building."

GENERALKOMMISSARE
Friedrich von Borries and Matthias Böttger

GRAFIK DESIGN
onlab, Berlin

KOMMUNIKATION
sbca sally below cultural affairs, Berlin

TEAM RAUMTAKTIK
Projektleitung: Füsun Türetken
Entwurf und Produktion: Wiesje Bijl, Etta Dannemann, Christian Hiller
Team: Moritz Ahlert, Ines Bergdolt, Felix Demme, Florian Heilmeyer,
Benjamin Kasten, Tobias Kurtz, Alexandre Mussche, Marzia Panai,
Giulia Tubelli, Alon Trostanetsky, Keke Ye

TEAM ONLAB
Art Direction: Nicolas Bourquin
Team: Murielle Badet, Anna Haas, Nathanaël Hamon, Gigi Ho,
Matthias Hübner, Linda Hintz, Rainalt Jossé, Renu Gautam,
Yvonne Schneider, Tan Sueh Li, Thibaud Tissot, Kasper Zwaaneveld

TEAM SBCA
Sally Below, Franziska Eidner, Christine Florack
mit Almut Heidelberger, Anna von Roeder, Mareen Scholl

DANK
Wir möchten dem Bundesministerium für Verkehr, Bau und Stadtentwicklung und dem Bundesamt für Bauwesen und Raumordnung danken. Außerdem danken wir unseren Hauptsponsoren Zumtobel und der Deutschen Bank AG, unseren weiteren Unternehmenspartnern PPG Coatings, Silentgliss, Hansgrohe AG, Carpet Concept und Wilkhahn.

AUSGESTELLTE PROJEKTE

2100 – ELSDORF AM SEE
b&k+ Arno Brandlhuber + büro für
konstruktivismus
www.brandlhuber.com
www.buerofuerkonstruktivismus.de

64 KW
Siegrun Appelt
www.siegrunappelt.com

BIOENERGIEDORF JÜHNDE
Bioenergiedorf Jühnde eG
www.bioenergiedorf.de

CARRIVA MITFAHRCLUB
Enotions GMBH
www.enotions.de
www.carriva.org

DIE GROSSE PYRAMIDE
Ingo Niermann + Jens Thiel + Heiko
Holzberger
www.thegreatpyramid.org

DIGITALER STROM
Aizo AG + digitalSTROM.org + ETH
Zürich
www.aizo.com

ENERGIEBUNKER
IBA Hamburg GmbH
www.iba-hamburg.de

FACHWERKHAUS LORSCH
Ulrike + Tobias Bucher
www.fachwerkhaus-lorsch.de

THE GREEN DESERT MINE
Christophe DM Barlieb cdmb Ar-
chitects + Schlaich Bergermann
und Partner
www.barlieb.com
www.sbp.de

LESEZEICHEN SALBKE
KARO Architekten + Architektur
Netzwerk
www.karo-architekten.de

LOREMO
Loremo AG
www.loremo.com

METREEPOLIS
HOLLWICHKUSHNER Architecture
(HWKN)
www.hwkn.com

PINK PROJECT
GRAFT Architekten + Brad Pitt
www.graftlab.com
www.makeitrightnola.org

PROSOLVE 370
elegant embellishments
www.elegantembellishments.net

RE-DESIGN
Arbeitskreis Recycling e.V. + OS2
Designgroup
www.os2-designgroup.de

SCHULBAUSTEINE FÜR GANDO E.V.
Diébédo Francis Kéré
www.kere-architecture.com

SKYSAILS
SkySails Gmbh & Co. KG
www.skysails.de

SOLARBIER
Felsenbräu Thalmannsfeld W.
Glossner KG
www.felsenbraeu.com

SOLARENERGIE MEMBRANEN
SolarNext AG
www.solarnext.de

SPREE2011
LURI.watersystems.GMBH
www.spree2011.de

STADTINSELN
Planungswerkstatt Stadtumbau
Dessau + Stiftung Bauhaus Dessau
www.iba-stadtumbau.de

TECHNISCHES PARADIES
Ton Matton
www.mattonoffice.org

TISSUE ENGINEERING
Institut für Leichtbau Entwerfen
und Konstruieren (ILEK) + Zentrum
für Regenerationsbiologie und Regenerative Medizin (ZRM)
www.uni-stuttgart.de/ilek

UNITED BOTTLE
INSTANT Architekten
www.instant-arch.net

UPDATING TV
Lukas Feireiss + Martin Zillmann
www.lukasfeireiss.com

UTOPIA.DE
Utopia AG
www.utopia.de